BABY PONTELLO

OBRIGADA, DE NADA.

CARO LEITOR,
Queremos saber sua opinião sobre nossos livros.
Após a leitura, curta-nos no facebook/editoragentebr,
siga-nos no Twitter @EditoraGente, no Instagram @editoragente
e visite-nos no site www.editoragente.com.br.
Cadastre-se e contribua com sugestões, críticas ou elogios.
Boa leitura!

BABY PONTELLO

OBRIGADA, DE NADA.

Aprenda a escolher o que merece espaço na sua vida e liberte-se do que não é digno de permanecer nela

Diretora
Rosely Boschini

Gerente Editorial
Rosângela de Araujo Pinheiro Barbosa

Editora Assistente
Franciane Batagin Ribeiro

Controle de Produção
Fábio Esteves

Projeto gráfico
TypoStudio

Diagramação
Futura

Preparação
Elisa Martins

Revisão
Carolina Forin e Mariane Genaro

Capa
TypoStudio

Impressão
Gráfica Santa Marta

Copyright © 2020 by
Bárbara Pontello

Todos os direitos desta edição são reservados à Editora Gente.
Rua Wisard, 305 — sala 53
São Paulo, SP — CEP 05434-080
Telefone: (11) 3670-2500
Site: www.editoragente.com.br
E-mail: gente@editoragente.com.br

Dados Internacionais de Catalogação na Publicação (CIP)
Angélica Ilacqua CRB-8/7057

Pontello, Baby
  Obrigada, de nada: aprenda a escolher o que merece espaço na sua vida e liberte-se do que não é digno de permanecer nela / Baby Pontello. — São Paulo: Editora Gente, 2020.
  144 p.

  ISBN 978-85-452-0383-4

  1. Técnicas de autoajuda 2. Felicidade 3. Autoestima I. Título

20-1330   CDD 158.1

Índices para catálogo sistemático:
1. Técnicas de autoajuda

Dedico este livro a todas as minhas leitoras das redes sociais, que confiam em mim e compartilham todos os dias as suas experiências. Que desabafam, que choram, que dão boas risadas e, mais ainda, que se inspiram em reencontrar a melhor versão de si mesmas. Tornei-me uma mulher muito melhor depois que comecei a ter essa troca de experiências.

Dedico também a todas as mulheres que precisam enxergar que sempre existe uma saída, que necessitam encontrar o amor-próprio, porque algumas vezes acabam se esquecendo de que ele mora dentro delas.

AGRADECIMENTOS

AGRADECIMENTOS

Agradeço primeiramente a Deus, que sempre foi meu alicerce para a construção da mulher que sou. A fé é algo muito importante na minha vida.

À minha família por sempre me apoiar e nunca me deixar desistir, pelos valores que carrego na minha bagagem de vida, pelos domingos de muitas conversas, pelas idas na casa das avós, pelos ensinamentos e pela união.

À minha mãe, Amália Maria Pontello Guimarães, que sempre me ensinou a ser uma mulher forte, sem me deixar perder a minha essência. Uma grande professora de como ser uma mulher de verdade e única. Minha rainha!

Ao meu pai, Marcílio José Guimarães, por ser um grande homem na minha vida. Por ser meu exemplo de respeito com as mulheres. Muita admiração. Meu poderoso!

Aos meus padrinhos e segundos pais, Eloiza Helena Pontello do Altíssimo e Aldo Alves do Altíssimo, que são o meu braço direito em tudo, são os melhores padrinhos do mundo!

À minha querida irmã e psicóloga, Marina Pontello Guimarães (Nina), por ler e reler este livro nas "madrugas" ao meu lado, pelo apoio e pela força, pelos conselhos e por ser minha melhor amiga e companheira de vida. Foi ela que percebeu nas minhas palavras uma forma de ajudar tantas pessoas, que conseguiu captar que tudo isso poderia ser algo muito maior e acreditou nisso antes de mim. Para quem não sabe, foi ela que criou o perfil na rede social e que enxergou que a minha saída (que é escrever) poderia, sim, ajudar muitas outras pessoas.

À minha querida avó Naná (que hoje infelizmente não está mais entre nós), que sempre quis presenciar este momento. Agradeço a você em silêncio dentro do meu coração. Sua alegria fez vários momentos serem incríveis e inesquecíveis, inclusive nessa trajetória de cinco anos escrevendo virtualmente.

À minha querida avó Gena por sempre acreditar em mim, pelas inúmeras orações e pelo zelo comigo. Obrigada por ser tão criativa. Eu sei que herdei um pouco de você.

Aos meus amigos verdadeiros que sempre estão comigo ao meu lado, me apoiando, que compreenderam minha ausência em alguns momentos de dedicação a esta obra, por me incentivarem e sempre estarem presentes na minha vida.

Aos meus leitores, que são hoje o maior presente que ganhei nas redes sociais. Juntos somos mais fortes. A minha gratidão é infinita!

À minha editora, Gente, que concretizou o meu maior sonho e me tornou uma escritora "real". E à Rosângela Barbosa, que me acompanhou em todo o processo de criação do livro, cuidando, me dando conselhos e dicas.

E à Enlace e a toda a sua equipe por ser uma ponte, um refúgio e um lugar de grandes ensinamentos! Por acreditar, por enxugar minhas lágrimas e me mostrar que sou muito mais forte do que imagino ser.

GRATIDÃO!

SUMÁRIO

INTRODUÇÃO		13
CAPÍTULO 1	Por que as pessoas estão sofrendo tanto?	15
CAPÍTULO 2	Quando a miopia de alma impede você de enxergar a própria beleza	37
CAPÍTULO 3	Passo 1: Aceitar o problema	57
CAPÍTULO 4	Passo 2: Entender que precisa de ajuda	77
CAPÍTULO 5	Passo 3: Buscar formas de falar sobre o problema	87
CAPÍTULO 6	Passo 4: Perdoar aos outros	99

CAPÍTULO 7	Passo 5: Ser grata pelos aprendizados que as dificuldades trazem 109
CAPÍTULO 8	Passo 6: Pensar em ações para mudar o padrão anterior 119
CAPÍTULO 9	Passo 7: Comemorar pequenas vitórias com as mudanças (amor-próprio) 131
CAPÍTULO 10	Alcance a sua liberdade e seja feliz 137

PALAVRAS FINAIS 141

INTRODUÇÃO

Aprendi que compartilhando somos mais fortes, e essa troca de experiências é fundamental no processo de cura.

Este livro foi escrito para todas as mulheres que merecem uma segunda chance. Por muito tempo, procurei por essa segunda chance. Quando entendi que ela morava dentro de mim, quando percebi que posso me tornar a mulher que eu quiser, ficou claro para mim que todas as outras também podem. Não digo que é um livro de autoajuda, mas um livro de situações reais e formas que eu encontrei de lidar com alguns dos meus problemas emocionais. E, ao mesmo tempo, lidar com os problemas que eu recebia dos leitores da minha trajetória on-line.

Aprendi que compartilhando somos mais fortes, e essa troca de experiências é fundamental no processo de cura. Entender que não estamos sozinhas, que não somos únicas e merecedoras de certas coisas é a melhor forma de criar impulso na direção da cura.

Tudo é possível, bastam nossa disposição, nossa vontade e companhias certas. Respeitar o nosso tempo, respirar, se conectar consigo mesma. É preciso uma gama de coisas para ter um resultado positivo em qualquer âmbito das nossas relações: no amor, no trabalho, com os amigos, com a família. Equilíbrio. Muitas vezes carregamos pessoas que não servem para nada, levamos uma vida pesada, mas quando libertamos esses pesos, os liberamos para o mundo e tudo fica mais leve, próspero e calmo. É esse o momento, e vamos chegar lá.

Está só começando...

CAPÍTULO 1

POR QUE AS PESSOAS ESTÃO SOFRENDO TANTO?

> O mais difícil é olhar verdadeiramente para o que de fato somos na nossa completude, para o que está dentro do nosso coração.

Ao longo da vida, muitas vezes deixamos de encarar as coisas que, de certa forma, podem nos trazer incômodo, como alguma memória ruim ou um assunto mal resolvido, por exemplo. Temos medo de várias coisas, inclusive da nossa própria felicidade. O desejo e o medo andam de mãos dadas, isso todas nós já sabemos, mas até quando esse medo de mudar pode atrapalhar a sua vida?

SE TENTOU TIRAR SUA LIBERDADE, TIRE DA SUA VIDA.

O nosso corpo é sagrado e diz muito sobre nós, por isso é necessário estar sempre bem atenta a tudo que pode machucá-lo, seja de maneira interna ou externa. Acredito que, quando não externalizamos nossas inquietações ou quando guardamos para nós algo que nos incomoda, o corpo reage de várias maneiras, inclusive em forma de doenças e dores. Por esse motivo, é de extrema importância a observação diária do nosso corpo e da nossa mente. Eles andam juntos e precisam estar em perfeita sintonia para tudo fluir bem.

Hoje, depois de escrever por muitos anos para as pessoas, gradativamente percebo que o mais difícil é olhar verdadeiramente para o que de fato somos na nossa completude, para o que está dentro do nosso coração. É preciso sentir, de maneira nua e crua, tudo o que realmente somos. Sair da zona de conforto, enfrentar fantasmas e sentimentos mais profundos, porque só assim conseguimos manifestar a nossa verdadeira essência e individualidade. Muitas vezes esse exercício pode doer, causar traumas e feridas, mas só depois de entender o que existe dentro de nós conseguimos ser pessoas melhores do lado de fora, com quem amamos e com as pessoas que nos cercam.

Estamos cada vez mais distantes da pessoa mais importante da nossa vida: nós mesmas! Infelizmente, é muito comum colocarmos os outros e as outras coisas em primeiro lugar, em detrimento do nosso próprio desejo. Acabamos cedendo a terceiros grandes oportunidades que seriam nossas, perdemos chances de ser felizes por abrir mão das nossas vontades em função do outro. E essas atitudes nos trazem grandes prejuízos.

Essa confusão de sentimentos dentro do peito com frequência nos leva a momentos de extrema dúvida, por não saber o que é melhor, de fato, para nós mesmas. Essa confusão pode ter começado a existir dentro de nós por causa de uma relação mal resolvida, uma demissão, uma amizade tóxica, um trauma sofrido na infância... E todos esses fatores podem nos confundir a respeito do que é nosso e do que é do outro e, com isso, surgem problemas nas relações.

Sou capaz de afirmar que, diante de qualquer dificuldade que você esteja encarando, enfrentar a si mesma é sempre a tarefa mais difícil. E sabe por quê? Porque tudo só depende de você. Quando você entende que esse desconforto pode ser transformado a partir da sua própria vontade, tudo fica mais simples.

Delegando ao outro a nossa felicidade

Temos o hábito de achar que está no outro a grande solução para muitos dos nossos problemas, mas é aí que a gente se engana. De cada mil mensagens que recebo por dia, em todas as minhas redes sociais, consigo observar que pelo menos quinhentas delas são de mulheres que se frustraram esperando que os seus parceiros ou parceiras fizessem coisas que eles não fizeram, colocando no outro a responsabilidade pela sua infelicidade. É bem mais comum do que muita gente imagina.

É cada dia maior o número de relacionamentos fracassados por causa do excesso de expectativa da mudança do parceiro. Recebo muitos relatos de seguidoras que vivem longos relacionamentos totalmente doentios, mas que insistem em acreditar, de maneira inconsciente, que o outro vai mudar, pois dão ouvidos às falsas promessas deles na relação.

Muitas vezes, nós não estamos dispostas a seguir conselhos, por melhores que pareçam, por melhores que sejam as pessoas que estão dando esses conselhos. Temos o hábito de "seguir o nosso coração" e é aí que pode morar o perigo. Por estar envolvidas na relação, podemos não enxergar tudo o que acontece ali, e isso engloba uma série de coisas boas e ruins. É bastante comum eu ler nos depoimentos dos meus seguidores coisas do tipo: "Eu não sabia que a pessoa que estava comigo era abusiva", ou "Eu não sabia que esse tipo de reação também poderia ser considerado uma agressão", ou ainda "Eu já passei por situações extremas de maus-tratos e humilhações e perdoei várias vezes, mesmo recebendo mil conselhos de amigas e da minha família para terminar ou me afastar daquela pessoa violenta". É como se estivéssemos vendadas, anestesiadas, e não conseguíssemos nos libertar dessas amarras tão negativas.

Na verdade, existem outros fatores que também dificultam muito o rompimento desse laço. Quando pensamos que estamos passando por uma situação dessas causada por alguém que amamos, com quem estamos juntos há muito tempo, ou que resolver essas questões envolve a participação da nossa família, algumas vezes dos nossos filhos, tudo isso se torna um obstáculo. E, quando você pensa que esse laço é um casamento, uma relação na qual sempre acreditou, confiou e com a qual sonhou, que construiu uma vida em conjunto e toda uma expectativa sobre a outra pessoa, as coisas parecem realmente impossíveis de se ajeitar.

A mania de viver na expectativa de que o outro nos preencha de amor, afeto, cuidado, zelo e presença muitas vezes nos torna ainda mais dependentes, e isso inclui dependência até dos maus-tratos. É forte e triste ter que dizer isso, mas algumas mulheres se acostumam com a dor. Sabe quando você escuta aquela piada sem graça que diz que fulana é "mulher de malandro", quando na verdade é muito provável que ela seja uma mulher emocionalmente doente? É disso que estou falando.

Existe um grupo muito interessante que lida com esses processos, o MADA (Mulheres que Amam Demais Anônimas), uma irmandade de mulheres baseada no livro *Mulheres que amam demais*, de Robin Norwood, e adaptada do programa de recuperação de 12 passos e 12 tradições dos Alcoólicos Anônimos (A.A.). O grupo tem acesso gratuito, cujo único requisito para ser membro é o desejo de não ter mais relacionamentos abusivos. O grupo cita algumas características fundamentais para você perceber se é uma MADA. São elas:[1]

1. Vem de um lar desajustado, em que suas necessidades emocionais não foram satisfeitas.

2. Como não recebeu um mínimo de atenção, tenta suprir essa necessidade insatisfeita por intermédio de outra pessoa, tornando-se superatenciosa, principalmente com homens aparentemente carentes.

3. Como não pode transformar seus pais nas pessoas atenciosas, amáveis e afetuosas de que precisava, reage fortemente ao tipo de homem familiar, porém inacessível, o qual tenta transformar através de seu amor.

4. Com medo de ser abandonada, faz qualquer coisa para impedir o fim do relacionamento.

---

1 GRUPO MADA BRASIL. *Características de uma mulher que ama demais*. Disponível em: https://grupomadabrasil.com.br/caracteristicas-de-uma-mulher-que-ama-demais/. Acesso em: 15 jan. 2020.

5. Quase nada é problema, toma muito tempo ou mesmo custa demais, se for para "ajudar" o homem com quem está envolvida.

6. Habituada à falta de amor em relacionamentos pessoais, está disposta a ter paciência e esperança, tentando agradar cada vez mais.

7. Está disposta a arcar com mais de 50% da responsabilidade, da culpa e das falhas em qualquer relacionamento.

8. Sua autoestima está criticamente baixa e, no fundo, não acredita que merece ser feliz. Ao contrário, acredita que deve conquistar o direito de desfrutar a vida.

9. Como experimentou pouca segurança na infância, tem uma necessidade desesperadora de controlar seus homens e seus relacionamentos. Mascara seus esforços para controlar pessoas e situações, mostrando-se "prestativa".

10. Está muito mais em contato com o sonho de como o relacionamento poderia ser do que com a realidade da situação.

11. É uma pessoa dependente de homens e de sofrimento espiritual.

12. Tende psicologicamente e, com frequência, bioquimicamente a se tornar dependente de drogas, álcool e/ou certos tipos de alimento, principalmente doces.

13. Ao ser atraída por pessoas com problemas que precisam de solução, ou ao se envolver em situações caóticas, incertas e dolorosas emocionalmente, evita concentrar a responsabilidade em si própria.

14. Tende a ter momentos de depressão e tenta preveni-los através da agitação criada por um relacionamento instável.

15. Não tem atração por homens gentis, estáveis, seguros e que estão interessados nela. Acha que esses homens "agradáveis" são enfadonhos.

Extraído do livro *Mulheres que amam demais*, de Robin Norwood.

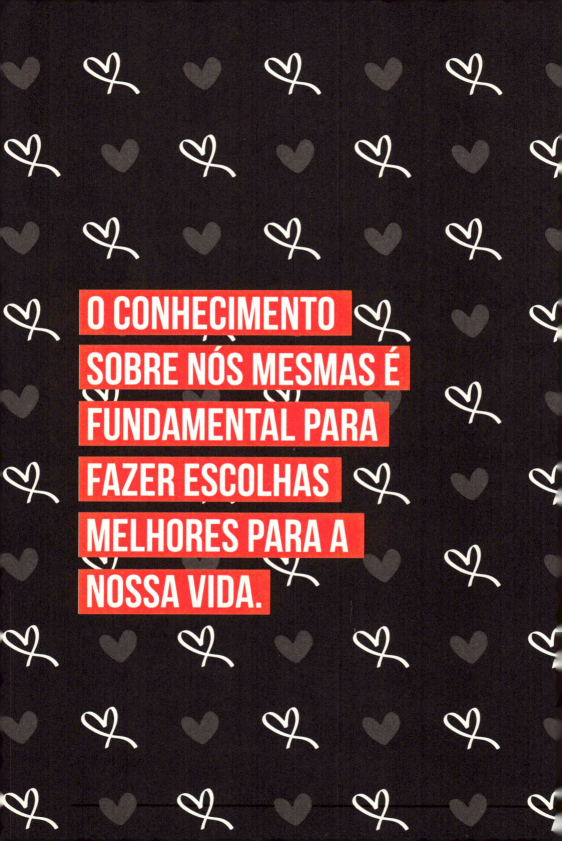

Você se identificou?

Devo alertar para o fato de que existem mulheres que também têm parceiras com essas características.

Além de debilitada emocionalmente, essa mulher provavelmente também é manipulada pelo seu parceiro, é alguém que precisa de ajuda profissional com urgência, de muito apoio e carinho, e não ser julgada pelas suas fraquezas.

Muitas mulheres perdem o brilho, tornam-se irreconhecíveis, mudam a forma de se vestir, de se comportar, trocam de trabalho, não encontram mais os amigos, mudam a rotina inteira e toda uma vida para agradar aos parceiros. Em geral, essa mudança vem carregada de ameaças, de chantagens, de humilhações e de medo de perder o outro. É muito comum essas mulheres serem medrosas e não terem nenhuma autoestima.

Em muitos casos, as relações são tão conturbadas que acabamos não lembrando nem quem somos, nem do que gostamos de verdade. Vivemos tentando agradar ao outro com o intuito de sermos perfeitas e aceitas, que acabamos nos esquecendo de tudo aquilo que nos agrada e nos agrega de verdade. É como se o nosso gosto mudasse ou não tivesse importância. É como se tudo fosse um "tanto faz" e nós já não tivéssemos mais opinião sobre as nossas vontades. Você já não se conhece nem se pertence mais. Por isso, nesse momento e em todos os outros da nossa vida, é fundamental aprender a usar o autoconhecimento. É uma ferramenta de extrema importância – se conhecer sempre e a cada dia. O conhecimento sobre nós mesmas é fundamental para fazer escolhas melhores para a nossa vida.

Nessa busca constante por aprovação externa, somos levadas a nos moldar para sermos quistas e aceitas por nós mesmas e, muitas vezes, para caber no mundo de alguém. Acabamos nos esquecendo de que não devemos tentar nos encaixar onde não há espaço para nós. É de tanto olhar para fora que nos perdemos e esquecemos quem realmente somos, que cada uma de nós tem a própria beleza, interior e exterior, uma beleza que é única. Esteja atenta para diferenciar o que é autoaceitação – quando tentamos nos moldar a um padrão para agradarmos a nós mesmas – do que é a aceitação da sociedade – quando nos desrespeitamos, aceitando padrões que não condizem com a gente para que os outros nos aceitem.

Essa perseguição pelo ideal externo nos chama atenção para um cuidado com as ilusões que as aparências nos causam, pois muitas vezes você pode estar criando e fantasiando coisas onde na verdade só existe interesse. Por exemplo, você insiste em um relacionamento com alguém que tem o padrão de beleza que você considera ideal sendo que essa pessoa não a trata bem, não respeita os seus valores, não lhe faz nenhum elogio, enfim, não dá valor a você. A foto de vocês pode até ficar esteticamente bonita nas redes sociais, mas, por trás disso, não existe nenhum cuidado com o que realmente importa: a essência. A foto representa o que você entende por relacionamento ideal e as pessoas que a estão vendo podem até pensar que sua vida é assim, porém, na realidade, a história é outra. Aposto que você conhece algum casal que age dessa forma e se lembrou de que eles são felizes apenas nas fotos das redes sociais, infelizmente. Se você não percebe a sua real beleza, como pode perceber a do outro? E se você não a valoriza, como o outro poderá valorizá-la? Ou como você pode exigir que o outro a valorize?

Não permita que a carência faça você perder o respeito por si mesma ou sucumbir ao medo de ficar sozinha. Ainda existem muitas pessoas que insistem em manter relacionamentos não recíprocos, nos quais só existe amor em um dos lados da relação, e acabam não percebendo que não são valorizadas pelos seus parceiros. É a conhecida relação unilateral, em que só um lado é dedicado e apaixonado. Dentro dessas relações, a pessoa que ama, muitas vezes, se submete a fazer coisas de que não gosta apenas para agradar ao outro, colocando-se em segundo plano no relacionamento e na vida. É como se fosse uma luz ofuscada ou apagada, até por ela mesma, na tentativa de agradar ao outro. Isso inclui todos os tipos de relação, desde as amorosas até as de amizade.

É IMPOSSÍVEL TIRAR A CORAGEM DE DENTRO DO BOLSO E TOMÁ-LA COMO SE FOSSE UMA PÍLULA. ELA TEM QUE SER CONSTRUÍDA.

A aparente perfeição das pessoas nas redes sociais

Comparar-se com os outros é um erro comum. É muito fácil se encantar com a vida alheia e achar que o outro tem vantagem sobre nós. Julgar a vida alheia como ideal, perdendo a referência de si mesma, é uma das grandes armadilhas que criamos. Em tempos de redes sociais é bem fácil que isso aconteça, basta observar no seu feed as fotos lindas, impecáveis, coloridas e felizes dos outros. Dessa forma, somos levadas automaticamente a nos comparar com eles, quando deveríamos estar conscientes de que todas nós temos dias bons e ruins, e isso faz muita diferença no modo como encaramos a vida.

Você pode ser o tipo de pessoa que busca a perfeição em tudo e acaba vivendo uma vida de obsessão por ela. As pessoas perfeccionistas precisam ter cuidado, pois acabam criando uma espécie de barreira para as relações. Logo, elas acreditam antecipadamente que os outros podem desaprovar algo que elas façam ou rejeitá-las. Esse é um dos motivos que costumam torná-las pessoas que têm medo de se relacionar, pois vivem com um pé atrás. Criam comparações e altos padrões de aprovação para elas e para os outros, e isso implica achar que não têm capacidade de manter algo, caso não esteja no padrão da perfeição delas.

Devo alertar que o excesso de comparações pode travar você diante da sua jornada de vida, de maneira que acabe muitas vezes se desmerecendo ou desrespeitando a sua verdade. Talvez você tenha se divorciado e ainda não conseguiu seguir adiante por achar que o seu ex está mais feliz ou tem menos responsabilidades que você. Pode ser que tenha vivido um relacionamento abusivo e tenha sido ferida com brutalidade na alma ou agredida fisicamente. Ou tenha passado por uma amizade tóxica que a sugava e ao mesmo tempo colocava mil e um defeitos em você. Pode ser ainda que a sua experiência ruim tenha sido no seu ambiente de trabalho, fazendo algo que não amava e convivendo com pessoas de índole diferente da sua. Não importa qual é o caso: é sempre muito importante seguir alguns passos para facilitar a volta por cima ou melhorar a conexão interna, para achar conforto e seguir adiante no processo de libertação para uma vida plena.

Essa desconexão interna leva algumas pessoas a acreditarem que jamais serão amadas ou a nunca se sentirem 100% satisfeitas com o amor que recebem. Elas se sentem como se nunca tivessem recebido o bastante. Isso acontece porque elas esperam do outro o que não conseguem dar a si mesmas, ou seja, essas pessoas buscam uma compensação para a falta de amor-próprio. É aí que mora o perigo e onde é preciso ficar alerta. Só para você ter uma ideia, a compulsão alimentar é o distúrbio alimentar mais frequente, tendo incidência global populacional de 5%. Costuma ocorrer mais em mulheres (60%), mas, entre os homens, é o distúrbio que aparece com mais frequência (40%).[2] Ou seja, embora não existam estatísticas específicas sobre obesidade feminina, é quase certo que muitas mulheres compensam a falta emocional com comida. Eu mesma já fiz isso algumas vezes. Sentia que a comida era a única coisa que me dava prazer naqueles momentos de tristeza, uma verdadeira escapatória dos meus problemas.

Além da compulsão alimentar, a falta de amor-próprio desencadeia outros distúrbios. Há pessoas que, quando não estão emocionalmente satisfeitas, apelam para as drogas ou o álcool. Outras ainda querem obrigar os seus parceiros a terem atitudes que comprovem constantemente o seu amor, e isso as torna companhias indesejáveis. Elas nunca se sentem plenas e sempre querem mais. Não percebem que, dessa forma, nunca encontrarão o que tanto desejam. A carência também é um indicador de insegurança nas pessoas. Aquelas que não confiam no próprio taco ou vivem com medo de tudo passam a duvidar das suas relações. Vivem com o famoso "pé atrás". Portanto, recomendo que você fortaleça a sua autoconfiança!

---

[2] HOSPITAL SÍRIO-LIBANÊS. *Núcleo de obesidade e cirurgia bariátrica.* Disponível em: https://www.hospitalsiriolibanes.org.br/hospital/especialidades/nucleo-obesidade-transtornos-alimentares/Paginas/compulsao-alimentar.aspx. Acesso em: 16 jan. 2020.

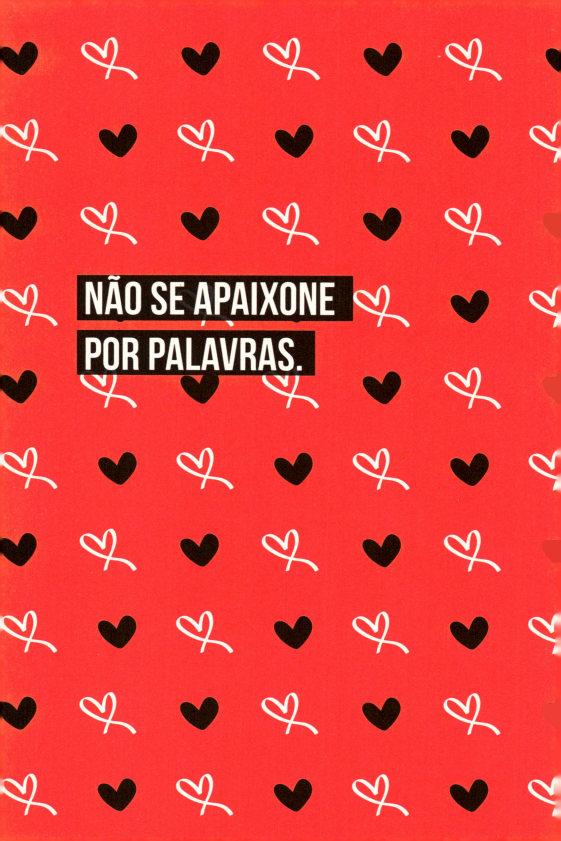

Você e a sua personalidade foram moldadas por tudo aquilo que a rodeia, então não se arrependa nem se sinta ofendida por isso.

Demonstrações de ciúme também são sinal de insegurança. Às vezes, sem nenhum fundamento, as pessoas inseguras criam ou forjam situações mentais na tentativa de mostrar para o outro que são merecedoras do afeto que imaginam não receber. Tornam-se pessoas excessivamente desconfiadas, o que ocasiona dúvidas constantes e sentimentos negativos. Elas tentam fazer o parceiro acreditar que sempre estão corretas, assim se tornam cada vez mais explosivas e impositivas. Nessa conjuntura, parecem ser pessoas fortes ao extremo, quando na verdade ocorre o contrário: são fracas, vazias, inseguras e medrosas. O afeto que os seus parceiros demonstram sentir por elas parece nunca ser suficiente, e é comum que elas tenham complexo de inferioridade. Tenha cuidado ao se relacionar com uma pessoa insegura demais, seja ela um parceiro, um amigo ou um parente. Quando a sensação de insegurança aparece, é um grande indício de que o outro está com a sua autoestima fragilizada, e assim projeta a própria insegurança no parceiro. Cuidado para não ser manipulada e controlada pelos outros.

Quando algumas pessoas do seu círculo social intoxicam você

Existem também pessoas que estão por aí à espera do momento exato para colocar você para baixo. Às vezes, você teve um dia excelente com muitas conquistas e vitórias, mas, de repente, sente que a sua energia está esgotada. Isso quer dizer que você provavelmente está na companhia de uma pessoa tóxica. É aquela pessoa que sempre critica você, que a suga, que nunca está a favor dos seus feitos, que não a apoia, mas que de certa forma fica ao seu lado como um grude. Inevitavelmente, se você ainda estiver em um momento difícil no âmbito emocional, com a autoestima baixa, com o seu amor-próprio enfraquecido, isso pode fazer um grande estrago na sua vida.

Você provavelmente já se viu ao lado de alguém assim e sentiu que toda a sua energia foi de alguma maneira desgastada ou retirada de você. Existem algumas formas de manter o seu campo energético em alta vibração e é extremamente importante saber como e quais atitudes tomar para se manter sempre nesse nível, pois só assim você conseguirá manter o seu equilíbrio e bem-estar em dia. Por isso, é essencial e determinante para a sua saúde mental selecionar as suas companhias.

#DESABAFO da Baby

Quero falar para você que eu também já estive desse lado, eu também já me comparei com muitas pessoas, já vivi amizades e *relações tóxicas e abusivas e, por mais que tenha experiência em reconhecê-las hoje em dia, ainda não estou livre de vivê-las no futuro. Já quis me afastar do mundo e de todos. Sentia-me melhor desta forma: quanto mais distante das pessoas, menores seriam as chances de me machucar ou ser decepcionada por alguém. Comecei a sentir vergonha e raiva de mim, raiva de quem eu era. Eu me sentia a mulher mais feia e frágil da Terra. Eu já não me admirava. Meus cabelos, minhas roupas, meu trabalho, meus relacionamentos, minha própria vida já não eram tão importantes para mim. Eu vivia no modo automático. Não me olhava no espelho, não me reconhecia. Já passei por grandes traições. Já levei pé na bunda de muita gente – e, obviamente, já dei também – e aprendi que é difícil lidar com a rejeição. Na verdade, com qualquer tipo dela: pode ser uma rejeição no amor, no trabalho, por parte dos amigos.*

Você pode ter se identificado com essas linhas ou mesmo se lembrado de alguma amiga que se encaixa em algum desses perfis, e agora eu pergunto a você: o que fazer para se ajudar ou ajudar a sua amiga a sair de uma situação tão angustiante como essa? Confesso que não é fácil, e é impossível tirar a coragem de dentro do bolso e tomá-la como se fosse uma pílula, pois não se compra coragem no supermercado em frascos coloridos. Ela tem que ser construída. Por isso estou aqui para ajudar você nesse processo de construção.

ATÉ O FINAL DESTE LIVRO SUA BELEZA INTERNA E EXTERNA ESTARÃO EM PERFEITA HARMONIA PARA A PESSOA QUE VOCÊ NASCEU PARA SER DE VERDADE. VAMOS JUNTAS!

CAPÍTULO 2

QUANDO A MIOPIA DE ALMA IMPEDE VOCÊ DE ENXERGAR A PRÓPRIA BELEZA

Em alguns momentos, precisamos entrar em contato com as nossas dores e sombras justamente para poder nos curar delas.

A coragem para mudar, o amor-próprio para vencer, a autoestima para enxergar quanto você é incrível e capaz de amar e ser amada quantas vezes quiser e puder: tudo isso é fruto de uma construção constante. Viver infeliz é uma prisão sem grade, principalmente se você estiver ao lado de alguém que não lhe dá nada além de ordens. Ou que enche você de defeitos e depois lhe dá presentes. É melhor você se libertar dessa relação e iniciar uma nova com a melhor pessoa que existe para se relacionar: você mesma!

O autoconhecimento também é algo que deve ser levado muito a sério nesse processo de ressignificação da sua vida. Você só alcança o que almeja quando entende a fundo o seu real desejo. É necessário sair do automático, sair do padrão repetitivo para ter percepção do que você está fazendo para e por você, e se isso é realmente o que deseja para a sua vida. Até quando você vai desperdiçar todo o seu talento com a falta de realização causada por uma vida preestabelecida e sem propósito? Ter uma vida sem propósito é o mesmo que viver sem objetivos, sem ganhos. Por quanto tempo mais você vai viver sem realizar os seus grandes sonhos e metas justamente por não conseguir ter o controle do seu destino? Levante a poeira, mude os pensamentos, pare de fazer promessas fáceis, se proponha ao novo. Um passo de cada vez. Não se preocupe com o tempo nem fique ansiosa demais pensando no futuro. Concentre-se no agora, no hoje.

Quando sabemos quem realmente somos e agimos de maneira sincera conosco, nos desprendemos das opiniões alheias e dos padrões que não são compatíveis com a nossa verdade. Garanto a você que, até o final deste livro, olhar-se no espelho não será mais uma tarefa difícil nem dolorosa; sua beleza interna e externa estarão em perfeita harmonia para a pessoa que você nasceu para ser de verdade. Vamos juntas!

A ditadura da imagem perfeita

Sabemos que, cada vez mais, os padrões de beleza impostos pela sociedade prejudicam a vida de muitas pessoas, principalmente a de nós, mulheres, o que inclui uma cobrança maior sobre nós mesmas na tentativa de atingir esse padrão. Isso pode nos prejudicar em muitos aspectos da vida, tanto psicológicos quanto em relação à nossa saúde física. Sempre gosto de lembrar a exacerbada importância que o mundo atual dá às aparências, pois ainda há muita gente se enganando com elas. É fácil perceber que grande parte do que a gente vê na mídia é carregada com filtros, preparações, poses ensaiadas, ângulos mais interessantes, ou seja, dificilmente são conteúdos espontâneos.

Não há nada de errado em tirar uma foto no seu melhor ângulo e postá-la, se você se sente assim também por dentro. Da mesma forma que ninguém é obrigada a postar coisas ruins. Na verdade, o importante é lembrar que os dias ruins acontecem até para aquelas pessoas que têm as fotos mais perfeitas. É humanamente impossível estar bem o tempo inteiro. Em alguns momentos precisamos entrar em contato com as nossas dores e sombras justamente para poder nos curar delas.

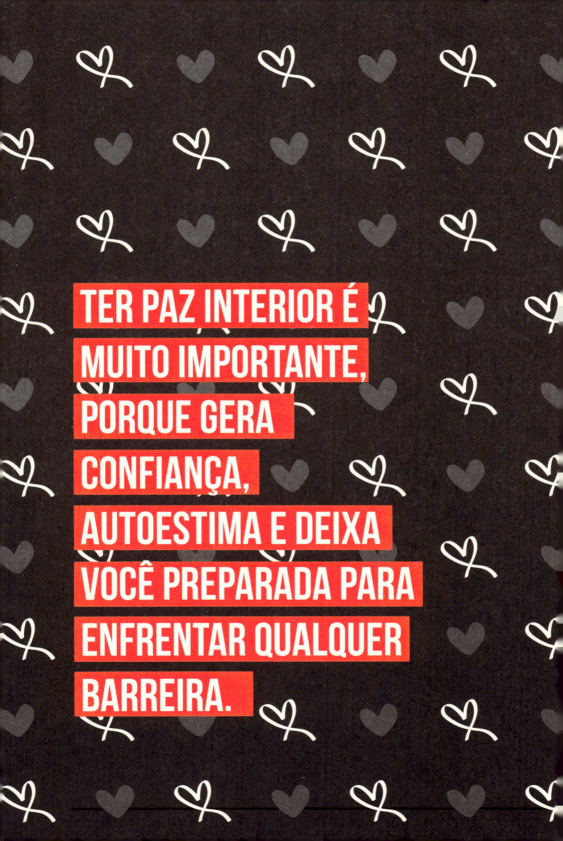

Acredito que alguma vez você já tenha se sentido assim, meio fora da caixa, comparando-se com as pessoas à sua volta ou com as personalidades que você admira. E por esse mesmo motivo se sentiu mal, triste e incompatível, como se não pertencesse a um grupo ou um local.

#DESABAFO da Baby

Eu já fui uma dessas pessoas obcecadas com feeds perfeitos quando estava construindo minha presença digital, há uns cinco anos... E olha que eu nem tinha muitos seguidores. No entanto, só de imaginar que estava sendo observada eu já sentia o medo da reprovação. Eu vivia buscando a perfeição e a aprovação em todos os meus posts. Tirava cinquenta fotos para postar apenas uma, e mesmo assim ainda me sentia um pouco insatisfeita. Percebi-me vivendo em um mundo onde eu buscava agradar, sobretudo, aos outros, e não a mim mesma. Um dia isso me cansou e resolvi fazer o oposto: ser exatamente eu mesma, e logo percebi que tudo fluiu melhor, e todo mundo se identificou muito mais comigo, afinal de contas, ninguém é perfeito, não é mesmo?

Quando você se depara com perfis que esbanjam naturalidade e espontaneidade nas redes sociais, vê que em geral eles são muito elogiados. Humanizar o perfil faz sucesso hoje justamente por gerar essa proximidade entre os seguidores e a pessoa que é seguida como inspiração, pois mostram que o dono do perfil é muito mais "gente como a gente" do que costumamos pensar. Isso tem ajudado bastante nesses casos de pessoas que buscam a perfeição nas redes. Perceber fragilidades nas pessoas nos faz ver que somos semelhantes, sim, apesar de ainda existir muita busca por perfeição e medo de julgamentos dos outros no mundo virtual.

É preciso lembrar que a beleza externa é o nosso cartão de visitas, mas esse cartão de nada vale se não vier acompanhado por uma pessoa maravilhosa por dentro. Não podemos nos iludir com aparências. O hábito de dar valor exagerado à casca e se esquecer da essência pode levar você a viver uma realidade na qual só existe interesse e oportunismo, e fazer com que perca a oportunidade de enxergar alguém pelo que essa pessoa realmente é. No caso de algumas mulheres, isso se torna uma busca incessante pelo modelo imposto pela nossa sociedade: ter os cabelos de determinado jeito – lisos ou cacheados, longos ou curtos etc. –, ser muito magra, usar roupas de grifes famosas, frequentar lugares da moda, e assim por diante. A internet, a TV e todos os meios de comunicação são os grandes vilões e propagadores desse mal. Eles impõem modelos ideais de perfil e comportamento, os quais estão constantemente implícitos nas novelas, nas revistas, na internet, nas campanhas publicitárias e nos inúmeros concursos de beleza. Aposto que você já usou alguma artimanha que viu por aí na tentativa de se tornar uma mulher mais bonita ou desejada pelos outros. O problema é que agir assim acarreta diversas consequências, e uma das mais graves é se fixar na ideia de que o exterior é o mais importante. A parte interna, o caráter, é colocada em segundo plano, não sendo valorizadas as qualidades mais puras e importantes. Dessa forma, algumas mulheres deixam de querer ser aceitas pelo que realmente são e passam a querer ser aceitas e endeusadas somente pela sua beleza exterior. Mas eu digo a você que é preciso ir além da casca.

O primeiro passo para isso é tomar contato consigo mesma. Embora ver o próprio reflexo possa significar algo assustador para muitas pessoas, eu gostaria de propor a você o seguinte exercício: imagine-se diante de um espelho se admirando por alguns segundos. Olhe dentro dos seus olhos. O que você vê? Gostaria que refletisse um pouco mais sobre tudo isso que está diante dos seus olhos. Primeiramente, analise a parte externa. Se estiver vestida, observe a roupa que está usando, os calçados e os acessórios. Observe agora os seus cabelos (curtos ou longos, lisos ou crespos, raspados etc.), note a cor deles. Observe agora o tom da sua pele, a textura, as suas linhas de expressão, o seu sorriso (se não estiver sorrindo, sorria para si mesma nesse instante). Perceba o seu tronco, os braços, as mãos, os dedos, as unhas, as pernas, os pés, as cicatrizes... perceba que o seu corpo carrega uma história, e que ela precisa ser honrada por tê-la trazido até este momento.

Agora que já viajou por toda a parte externa do seu corpo, que é sempre a mais vista por todos, comece a enxergar através do seu coração, como se houvesse uma lupa sobre ele e você conseguisse ampliar e perceber tudo o que há por dentro. Como você se sente? Como está a sua vida? Qual é o seu nível de satisfação, de alegria, de felicidade e de amor por você mesma? Quero que reflita sobre tudo isso com muita sinceridade. Ter paz interior é muito importante, porque gera confiança, autoestima e deixa você preparada para enfrentar qualquer barreira.

Viver bem consigo para viver bem com o outro

Quando a sua paz interior é escassa, você cria um campo de conflitos que gera desconforto para você e para as suas relações. Você se torna uma pessoa desconfiada de tudo e de todos. Isso é um fator determinante para criar relacionamentos fracassados, pois sabemos que a base de uma relação é a confiança. Se eu não confio em mim, como posso confiar no outro?

O grande problema, nesses casos, é que as pessoas inseguras se esquecem de que o outro tem vontade própria, e esse nós não conseguimos mudar – é apenas ele mesmo quem pode fazer isso, caso queira. Por isso, cabe a nós enxergar a nossa verdade e a nossa essência, visto que esse autoconhecimento pode, inclusive, nos servir de guia. Ele pode nos guiar de modo a fazer as melhores escolhas nos nossos relacionamentos, de maneira a honrar as nossas próprias vontades sem prejudicar o outro. Entender que posso mudar tudo para melhor, quando decido fazer isso por mim, é um passo muito importante. Então, é fundamental que você se faça perguntas como: quem sou eu de verdade, sem os véus das expectativas alheias, sem a necessidade de agradar a todos? O que me dá prazer? O que eu tenho feito para viver dias mais leves e felizes comigo mesma?

Sabemos que as relações afetivas são fundamentais para a nossa vida, mas não esqueça com quem e como você deve compartilhar esses momentos. Existem pessoas que chegam para somar e outras para sugar. É preciso saber a diferença entre umas e outras. Você precisa saber como reconhecer as pessoas negativas e estar sempre muito atenta aos sinais. Às vezes, alguém se aproxima de você com um mau humor horrível. Pode parecer apenas um dia ruim na vida dessa pessoa, mas com o passar do tempo você percebe que esse peso ao redor dela é algo que nunca vai embora. O negativismo, a inveja, a falsidade, as manipulações e as fofocas que ela faz são alguns dos sinais mais constantes da sua negatividade.

Muitas vezes, as pessoas negativas agem assim de maneira inconsciente. Isso acontece porque, em geral, elas são extrema-

É MUITO IMPORTANTE TER PESSOAS DE CONFIANÇA À NOSSA VOLTA, AMIGOS DE VERDADE. AS RELAÇÕES SAUDÁVEIS SÃO O QUE EDIFICA A NOSSA VIDA.

mente críticas, adoram opinar sempre de maneira negativa sobre as suas escolhas e o seu jeito de levar a vida por achar que estão fazendo uma crítica construtiva, quando na verdade não estão. Por isso, cuidado para não se confundir e acabar achando que você é o "problema", quando na verdade o outro é que está criando problemas para a sua vida, e você acaba desencadeando uma série de outros empecilhos e dúvidas sobre si mesma.

Desintoxicando o seu círculo social

O rol das amizades tóxicas inclui, infelizmente, pessoas que a princípio identificamos como amigos de verdade. Em geral, as pessoas me relatam sobre alguns pontos críticos na relação com esses supostos amigos e me pedem conselhos e dicas. Há alguns perfis típicos da amizade tóxica, conforme ilustro nos casos a seguir.

O invejoso. Está personificado naquele amigo ou amiga que não acha nada do que você faz correto ou legal, ou que não consegue se alegrar verdadeiramente com as suas conquistas. Geralmente essa pessoa faz a você uma crítica sutil ou até pesada e, em seguida, faz (ou pelo menos tenta fazer) a mesma coisa que você. São aquelas pessoas que não conseguem conquistar ou traçar as suas próprias metas e objetivos, não têm foco nem determinação e, exatamente

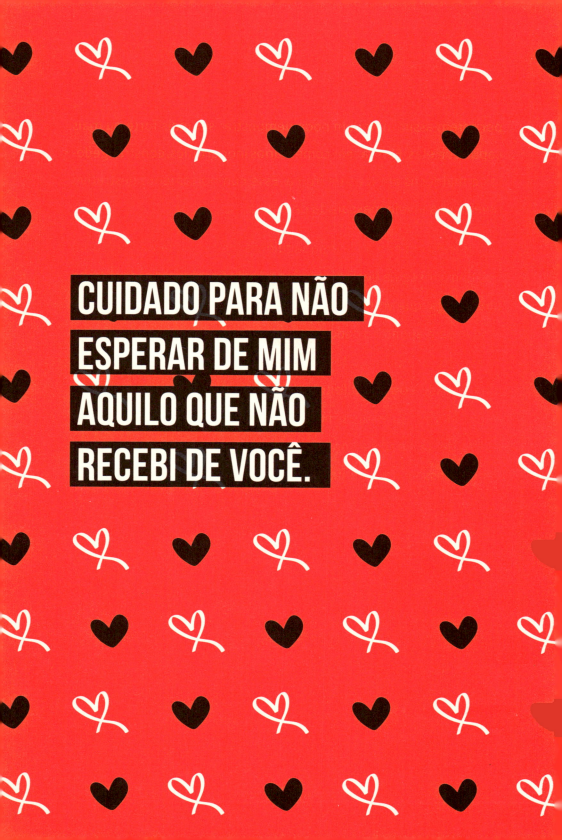

por serem assim, ninguém pode demonstrar ser mais forte ou mais capaz que elas. Elas fazem comentários inoportunos, constrangedores e maldosos em tons de ironia. Esse comportamento destrutivo revela uma inveja mascarada de crítica.

Recebi um e-mail de uma seguidora (que vou chamar de Maria) que não conseguia evoluir nas suas relações amorosas porque tinha uma amiga (que vou chamar de Joana) que sempre encontrava um motivo para apontar o dedo para os seus futuros pretendentes. Embora eles fossem pessoas legais e bacanas, Joana sempre arrumava uma desculpa ou um defeito e usava da manipulação para desestimular Maria a prosseguir no relacionamento. Como Maria tinha o hábito de desabafar e contar tudo, a invejosa Joana não suportava ver o sucesso e a vida feliz da amiga. Ela colocava defeitos, criticava muito, inclusive na frente das outras pessoas. Era uma amizade extremamente tóxica.

O egocêntrico. Vem na forma daquele amigo ou amiga que nunca tem muita paciência para escutar você e sempre quer impor a opinião dele ou dela como sendo a mais importante. Geralmente fala demais e não quer ouvir, ganha você no cansaço e tenta convencê-lo sempre de que tudo que ele diz e faz é melhor e mais verdadeiro. Essa pessoa na verdade não enxerga você. Ela gosta de ter você ao lado dela para servir como ouvinte para as suas próprias reflexões, e não necessariamente para ajudar você. Ela só pensa nela mesma.

Já tive uma amiga assim: antes de eu terminar de desabafar ela já tinha a solução dela e a que ela achava que seria a melhor opção, mesmo em alguns momentos em que eu queria apenas expor, tirar algo ruim de dentro de mim. Às vezes, nós não queremos a opinião do outro, queremos apenas um ombro amigo, e geralmente os egocêntricos querem impor demais e se manter como foco de tudo.

O manipulador. Sabe aquele amigo ou amiga que quer sempre que você mude de opinião ou ponto de vista e faça aquilo que ele ou ela acha que é o mais acertado? Esse é o manipulador. Trata você como uma marionete, usa você como um capacho. Geralmente, você é usada como "chaveirinho" dessa pessoa. Ela é quase uma cópia falsificada sua, por assim dizer. Sempre coloca você em posição inferior à dela exatamente por ser aquela pessoa que manipula.

Um dos piores tipos de amigo podemos ver no exemplo de uma seguidora que me contou que nem as próprias roupas usava mais, pois a amiga tinha mudado até o estilo dela. O problema é quando você começa a fazer coisas desconfortáveis para agradar ao manipulador ou quando você nem sequer percebe isso. Minha seguidora relatou que chegou a comer coisas de que não gostava porque era "obrigada" a comer para ser aceita na mesma turma.

O sádico. É aquele amigo ou amiga que gosta de apontar as suas fraquezas de maneira totalmente destrutiva. Adora colocar você para baixo e pôr defeitos, mas, geralmente, depois pede desculpas. Morde e assopra, mas deixa o veneno inoculado em você e aquela dor fica na sua pele, entende? Enche você de carga negativa, mas depois diz que a ama e que disse o que disse por querer o seu bem. No fundo, o que ele quer é ter alguém ao lado para poder machucar.

Esse é outro dos piores tipos de amigo. Uma amiga me contou que viveu essa situação com outra amiga, que gostava de humilhá-la, colocá-la como brega, como rejeitada. E o pior, a amiga que sofria e não conseguia largar a amizade, e ao mesmo tempo não conseguia se impor perante essas difamações da outra. Ela foi ficando cada vez mais triste, chorava e não entendia. Achava que era o "jeito" da outra. Até que chegou um dia em que colocou um ponto-final, libertando-se.

O inseguro. Geralmente, ele se caracteriza por ter uma baixa autoestima. O inseguro se revela na figura de uma pessoa muito instável e que marca a sua presença por meio de manipulações e enganações. Não se considera bom nem para ele mesmo e é inca-

RELAXA... TALVEZ "DAR ERRADO" TENHA SIDO A MELHOR COISA QUE ACONTECEU NA SUA VIDA.

paz de tolerar relações com qualquer tipo de incerteza. Está a todo momento em busca de se sentir seguro, exigindo provas constantes de afeto, que em geral nunca são suficientes. As pessoas com esse perfil vivem relações cheias de paranoia, podendo ser arrogantes e agressivas. Por não confiarem em si mesmas e não enxergarem quem elas são de verdade, tentam suprir as carências enchendo o outro de cobranças, que minam suas energias.

Recebi um e-mail outro dia que me contava isto: uma mulher não conseguia ter autonomia, porque vivia com um parceiro inseguro e acabou se tornando uma pessoa insegura por causa dessa convivência. Ele se fragilizava e se vitimizava o tempo inteiro, e com isso ela foi perdendo o brilho que tinha.

O que mais me impressiona no que diz respeito a esses tipos de perfil é que é cada vez maior o número de pessoas que toleram esse tipo de amizade e, mais ainda, as que não conseguem perceber que estão vivendo uma relação doente, exatamente como acontece em relações amorosas problemáticas.

#DICADABABY sobre amizade tóxica

Caso você tenha identificado algum desses perfis no seu círculo social, sugiro que você reflita sobre essa amizade. É muito importante ter pessoas de confiança à nossa volta, amigos de verdade. As relações saudáveis são o que edifica a nossa vida. Caso algo esteja deixando você para baixo, fazendo mal a você, aconselho a repensar essa relação, talvez se afastar, ir dando um tempo aos poucos. Um dia de cada vez e assim você vai se libertando disso. É tão difícil quanto romper um romance, porque, em geral, essas amizades estão atreladas também à nossa autoestima, à dependência que temos dessas pessoas. No entanto, não adianta fugir da situação. Mais adiante falaremos de como se desvencilhar dessas pessoas tóxicas, pois é preciso se libertar delas para sermos felizes. Você merece isso! Eu estou aqui, como sua amiga, para ajudá-la a enxergar a pessoa incrível que você é.

O que mais dificulta seguir adiante em alguns momentos é quando não existe clareza para entender a rejeição, mas isso jamais deve ser maior que a sua vontade de seguir em frente. Existem alguns machucados que não são aparentes, não é como um esfolado no joelho ou como um corte no dedo. São feridas na alma, feridas emocionais. Essas são as mais difíceis de recuperar, porque atingem a nossa autoestima e, muitas vezes, são tão profundas que atrapalham amargamente a nossa vida inteira.

No entanto, você precisa entender que frustrações e decepções fazem parte da vida e, para aprender a lidar com os encerramentos de ciclos, é preciso largar o vitimismo. A sua vida não é um fracasso e as piores coisas do mundo não acontecem apenas com você. Até aquela pessoa que você mais admira ou na qual se inspira também tem dias ruins. Você não é merecedora desse sofrimento, caso esteja passando por alguma dor. É necessário vestir uma armadura de coragem e bater de frente com a insegurança, de maneira que percebamos quanto somos valentes diante de tudo, e o sentimento ruim se transforma em alívio, vira lembrança, se torna passado e não causa mais dor. Pode causar saudade, mas sem machucar a gente.

Quanto mais nos conhecemos, maior a nossa percepção sobre essa coragem, maior a consciência de nós mesmas. É preciso, sim, cair algumas vezes, quebrar a cara, errar, chorar, se arrepender, para só depois aprender e entender que tudo precisou dar errado no começo para dar certo depois. É aquele famoso colher os bons frutos lá na frente depois de ter enfrentado todos os espinhos que vêm antes.

Não se compare com os outros.

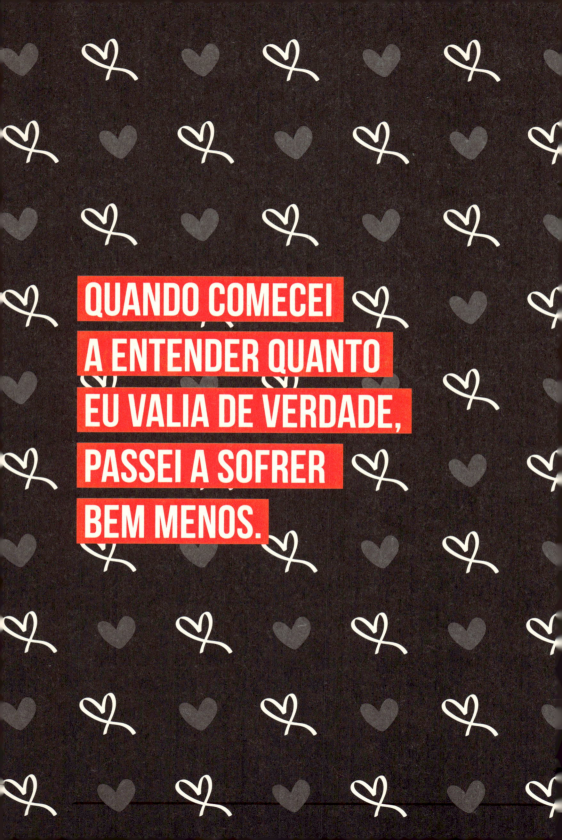

CAPÍTULO 3

PASSO 1: ACEITAR O PROBLEMA

> O primeiro passo para uma relação de amor consigo mesma é se conhecer.

Aceitar quem realmente somos é a chave que abre a porta do sucesso interno, dá a paz que buscamos, nos alivia. Precisamos sempre saber o nosso real valor e, mais ainda, precisamos nos colocar como ouvintes da nossa própria história. Quando somos ouvintes conseguimos escutar (internamente) como outra pessoa o que estamos passando, e é nessa hora que começamos a entender por que suportamos tantas coisas, mesmo contra a nossa vontade.

EXERCÍCIO

Eu gostaria de pedir para você fazer um exercício. Busque um lugar calmo e silencioso, onde ninguém poderá interrompê-la. Pegue uma folha de papel e escreva nela aquilo que está incomodando você. Em voz alta, leia e releia a razão do seu incômodo. Algumas vezes é preciso ler e receber o relato como ouvinte, como se essa história não fosse realmente sua. Como se alguém estivesse desabafando a vida dela com você e você não soubesse que essa vida é a sua. Dessa forma você consegue, no todo ou pelo menos em partes, enxergar o que o "outro" está passando e sentindo. Nesse momento, você percebe com outros olhos o que está acontecendo com você. Escutando em outra perspectiva talvez seja mais fácil a sua interpretação.

O intuito deste exercício é que ele desperte perguntas em você. Algumas delas podem ser:

- Como eu estou me permitindo aceitar isso?

- Por que eu ainda não tomei uma decisão?

- Por que estou sofrendo tanto?

- Por que tenho tanto medo?

- Se essa pessoa não me faz bem, por que eu aceito que ela me trate dessa forma?

Essas são apenas algumas das várias perguntas que podem surgir fazendo esse exercício. E garanto que isso pode ajudá-la a interpretar muito melhor o que está acontecendo aí dentro de você. Muitas vezes estamos fragilizadas e acabamos "cegas", "surdas" e até "mudas". Começamos a aceitar ser tratadas de maneira que jamais aceitaríamos, porque eventualmente estamos "anestesiadas", vivendo relações cômodas, tão cômodas que muitas vezes nos acostumamos até com aquilo que nos faz mal.

Quando comecei a entender quanto eu valia de verdade, passei a sofrer bem menos. Aprendi a separar o que me edificava do que me deixava para baixo, triste. Aprendi a selecionar o que realmente valia a pena, o que valia cada lágrima e cada sorriso. E isso incluía abandonar o que me fazia mal e sugava a minha energia. E a melhor coisa para ajudar você a passar por esse momento e entender o que está acontecendo é ACEITAR. Brené Brown, ph.D., autora e professora da Universidade de Houston, uma das autoras mais fantásticas do momento, estuda e fala muito bem sobre a vergonha, a vulne-

CRIE EXPECTATIVAS QUE NÃO FAÇAM VOCÊ SE ILUDIR. TENTE PERCEBER QUEM REALMENTE GOSTA DE VOCÊ E PROVE ISSO TODOS OS DIAS COM ATITUDES!

rabilidade, a aceitação e a coragem das pessoas. Ou seja, aqueles sentimentos que a gente tenta esconder.

Ela diz que são precisamente nossas imperfeições e sentimentos de inadequação que nos permitem conectarmo-nos aos outros e a nós mesmas.

> Ao aceitar nossa condição "comum", diz a Dra. Brown, e ter a coragem de revelar nossas vulnerabilidades para aqueles que são de nossa confiança, podemos embarcar em um modo de vida mais gratificante – que ela chama de Alívio.[3]

Digo que o caminho começa em se aceitar porque, além desses e de outros estudos que apontam para esse fato, eu sou a prova concreta de que a aceitação pode nos transformar positivamente. A minha vida se tornou mais leve, mais engraçada, eu passei a caber exatamente dentro de mim desde que comecei a me ver com olhos mais generosos, e isso me basta. Sempre digo que viver a situação é, na verdade, mais difícil do que simplesmente dar um conselho para quem a está vivendo, pois, como afirma aquele ditado: "Cora-

---

[3] ROSENBERG, Martha. Entrevista com Brené Brown sobre aceitar nossas vulnerabilidades. *Epoch Times*, 24/01/18. Disponível em: https://www.epochtimes.com.br/entrevista-com-brene-brown-sobre-aceitar-nossas-vulnerabilidades/. Acesso em: 15 jan. 2020.

ção dos outros é terra que ninguém pisa". É fácil falar quando o que acontece não é com a gente, é fácil opinar quando a decisão não nos pertence. Por isso, colocar-se no lugar de alguém que apenas observa e aconselha, no início, pode ajudar você a aceitar a situação para, depois, encontrar a solução do seu problema.

Muitas vezes, o xis da questão está no fato de que a gente se molda para caber no mundo de alguém e, quando percebemos, a nossa forma única ficou no passado, assim como a nossa essência. E é nessa hora que você precisa se resgatar, se valorizar, se aceitar e se amar. Se no caminho precisar chorar, chore. Jamais prenda dentro de si os sentimentos que precisam ser liberados. A cura pode estar em externar o que sentimos. Os nossos problemas nunca são maiores do que os dos outros, muitas vezes são iguais. Por isso, não sinta vergonha de buscar ajuda. Compartilhar experiências, como eu já disse, é importante para se conhecer, para entender que nunca estamos sozinhas.

Entendo que, quando estamos em estado de depressão e tristeza, é mais difícil essa tentativa de viver dias melhores. Eu já passei por isso, então entendo quanto é difícil para quem está vivendo essa fase. Perdemos a força e a vontade de querer mudar, de querer algo melhor para a nossa vida. No entanto, quando o nosso coração entende que é melhor estarmos sozinhas do que mal acompanhadas ou incompletas, infelizes, sabemos que o melhor está por vir. E confiamos nessa intuição.

Quando começamos a aceitar e a aprender que somos capazes de desapegar do problema, a nossa dor emocional só diminui. Dessa forma, nos tornamos mais fortes para suportar e superar esse momento. Permitimo-nos a melhoria. Porém, ainda existem algumas pessoas que preferem resistir a aceitar.

É inevitável fugir de algumas situações que passamos, mas ter experiências ruins também faz parte da nossa vida e do nosso aprendizado. Entendo que resistir a essas situações indesejadas só nos traz mais sofrimento e dor. Quando isso acontece, colocamos muito mais energia naquilo que de fato é ruim para nós e acabamos intensificando tudo em torno do que vai mal. Com isso, desperdiçamos a nossa energia. Em alguns momentos, quanto mais tentamos evitar situações negativas, mais dor sentimos. Essa resistência toda acontece porque não conseguimos aceitar as mudanças, o novo, o não planejado. E esse ato de negar nos torna ainda mais frustradas, insatisfeitas e amargas.

Está mais do que na hora de aprender que devemos também parar de resistir e, talvez, até de insistir. Quando aceitamos o que está por vir e nos entregamos a isso, a vida começa a nos mostrar novas oportunidades. Precisamos mudar o olhar, as atitudes. E a aceitação é fundamental nesse momento, principalmente para ajudar a ver com olhos positivos tudo aquilo que parece impossível. Muitas vezes, nesse momento, você acaba percebendo que terá que se jogar

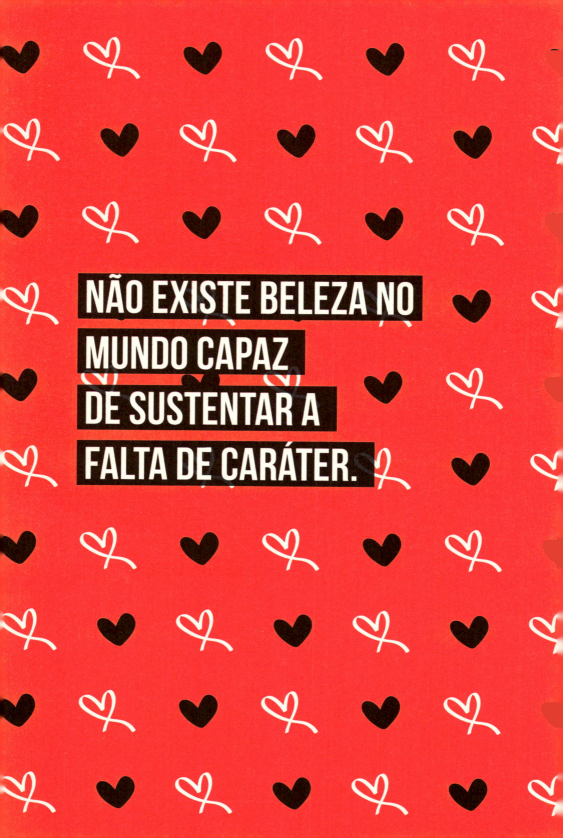

para o novo, para algo nunca feito, arriscar-se em projetos futuros. Então se jogue! Aceitar não quer dizer concordar e muito menos aprovar tudo que acontece, significa facilitar a sua vida. Vamos ser mais práticas, precisamos absorver apenas o que é realmente bom e importante para nós.

Comece a passar por cima do que merece ficar para trás. Vamos acabar com esse sofrimento e essa dor. Aposto que em breve você estará pronta para um novo ponto de partida, um recomeço para novas experiências. Sabemos que, quanto mais a gente resiste aos problemas, mais eles persistem, então talvez seja a hora de mudar a situação seguindo em frente. Precisamos enfrentar com muita coragem e eu estou aqui estendendo a minha mão para você perder o medo. Vamos entender que as mudanças fazem parte da vida e que passar por elas com serenidade pode ser uma maneira de aliviar as dores que as transformações trazem. Não se esqueça de que você não tem o controle de tudo. Portanto, não se puna por causa do que está passando.

Não podemos esquecer que há momentos nos quais a vida nos obriga a conviver com situações que não aceitamos, como ser maltratada por alguém. Ou, em outro caso, sermos surpreendidas por coisas que são difíceis de aceitar.

EXERCÍCIO

Vamos lá, liste a seguir tudo aquilo que, de alguma forma, você não aceita. Se forem muitas coisas, vá separando por áreas, como trabalho, amigos, família e relacionamento afetivo.

O que eu tenho dificuldade de aceitar no meu:

Ambiente profissional
___
___
___
___
___
___

Círculo de amizades
___
___
___
___
___

Núcleo familiar

_____
_____
_____
_____
_____
_____
_____

Relacionamento amoroso

_____
_____
_____
_____
_____
_____
_____

Ufa! Sei que é bem pesado encarar tudo isso, mas você conseguiu! Agora, vamos começar a buscar soluções para essa não aceitação. Abaixo de cada situação, escreva algo que você poderia fazer para aceitar aquilo ou uma forma de mudar para uma maneira que fique confortável para você.

Soluções para resolver o que eu não aceito no meu:

Ambiente profissional

_____
_____
_____
_____
_____
_____

Círculo de amizades

_____
_____
_____
_____
_____
_____

Núcleo familiar

___
___
___
___
___
___

Relacionamento amoroso

___
___
___
___
___
___

Muito bem! Agora que você vislumbrou soluções para cada coisa que a incomoda e que você tem dificuldade em aceitar, coloque-as em prática! O hábito de escrevê-las no papel ajuda a retirá-las da mente. Além de isso dar mais leveza às coisas, facilita a visualização dessas soluções soluções e a busca pela melhoria em todos os aspec-

QUERIA SABER O NOME DA DOENÇA QUE FAZ A PESSOA TENTAR REVERTER AS COISAS NA TENTATIVA DE ME FAZER ACREDITAR NOS ERROS QUE NÃO COMETI.

tos da sua vida que a incomodam. Eu sempre faço esse exercício e quis compartilhá-lo neste livro com você justamente porque ele me ajuda muito nesses momentos de caos dentro da minha cabeça. Ele me alivia e me dá mais clareza. Quem me ensinou a praticá-lo foi a minha irmã, Marina, que é psicóloga.

Em geral, quando estamos passando por momentos difíceis, a tendência é ficarmos com baixa autoestima, então está na hora de olhar mais para você, se cuidar mais, focar nas suas qualidades e em tudo de maravilhoso que você tem. Nunca esqueça quanto é forte, única e capaz de superar tudo e qualquer coisa que esteja disposta a enfrentar. Vamos começar a olhar as coisas com outros olhos, tentar ver o lado bom delas. Geralmente, é difícil e, às vezes, até muito dolorido fazer isso, mas encarar os fatos é parte fundamental nesse processo de aceitação que você está passando. Lembre-se de que tudo é aprendizado e podemos tirar coisas úteis e boas para nós até dos momentos mais desafiadores. Costumo dizer que, nesses momentos, o aprendizado é maior, porque ele tem como consequência o nosso fortalecimento, o nosso crescimento pessoal. Porém, se estiver muito pesado para você viver tudo isso sozinha, compartilhe os seus problemas! Como já disse e repito: não fique guardando o que dói, compartilhe as suas dores com as pessoas que amam você e nas quais você confia. Peça conselhos e, se não tiver alguém com quem conversar, procure ajuda profissional. Ela é sempre importante e muito preciosa nesses casos.

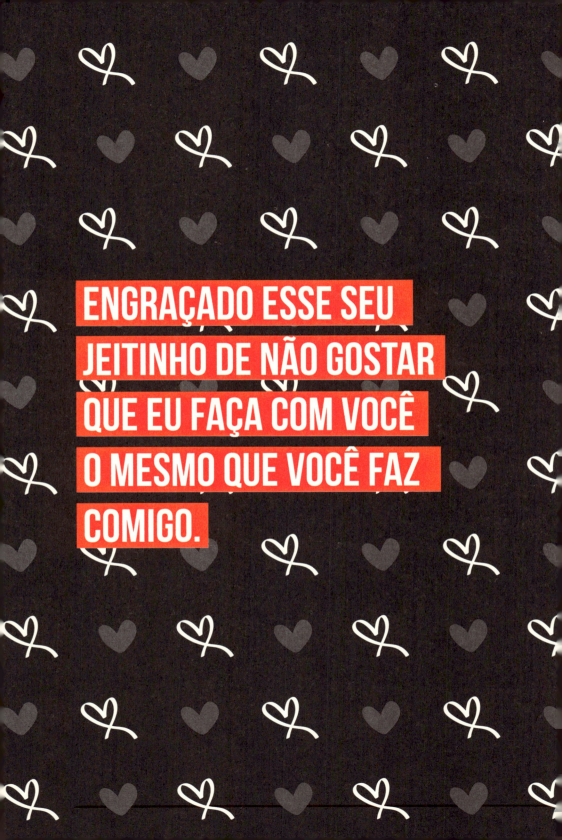

Muitas vezes, no entanto, somos vendadas pelo desespero do momento. Acreditamos que, ao pôr fim em uma relação já estabelecida, jamais seremos amadas novamente. Sim, esse sentimento é muito comum, eu mesma já o vivenciei muitas vezes. Apesar disso, temos que nos livrar do medo de perder, abrir mão da ideia de que ter o afeto e a aceitação das pessoas é a única coisa capaz de nos fazer felizes. Não somos capazes de fazer alguém nos amar, não somos capazes de mudar o que o outro sente, mas somos capazes de nos desenvolver e conquistar o novo todos os dias, de buscar fazer escolhas sábias e melhores para nós. Para isso, é preciso querer. Querer de verdade, aceitar os próprios defeitos e vulnerabilidades e se amar, se amar muito! E eu pergunto a você: já se olhou com olhos generosos hoje? Já se deu toda a atenção que você merece? De uma forma mais profunda, você já se amou hoje?

O primeiro passo para uma relação de amor consigo mesma é se conhecer. O autoconhecimento nos ajuda a entender quem somos, o que merecemos e que não é qualquer migalha que enche a barriga. Buscamos a reciprocidade. Infelizmente, ainda vivemos em um mundo onde temos o triste hábito de ponderar o que damos e o que recebemos em troca. Muitas vezes você já fez isso até sem perceber em alguma relação ou algum momento da sua vida. Perdemo-nos analisando o que o outro nos devolve em troca de toda a nossa dedicação e amor. Essa análise nos causa muitos momentos de sofrimento, porque acabamos percebendo que, em várias situações, damos mais do que recebemos. Você já deve ter se sentido sozinha em uma relação ou insatisfeita por imaginar que dava mais do que recebia. Isso lhe causou uma enorme frustração, uma vez que você criou uma expectativa. E está tudo bem, daqui a pouco vou explicar por que as expectativas também são importantes. O problema é quando você passa a querer dar excessivamente porque sente uma enorme falta de receber, quando essa necessidade leva você ao desespero pela troca de afeto, atenção ou presença.

A nossa cabecinha é muito inteligente, mas às vezes ela acaba nos sabotando, por isso precisamos ficar um pouco mais atentas. Passei muito tempo achando que, quanto mais eu cuidasse do outro, mais o outro cuidaria de mim. E essa minha crença sabotadora me levava a ter um enorme sofrimento nas relações, porque obviamente as pessoas são singulares, sentem de maneira diferente e por isso têm atitudes distintas. Já sabemos disso, sim, mas, mesmo convictas, acabamos sofrendo na expectativa de recebermos um tratamento diferente dos outros.

Hoje sou uma mulher mais feliz, busco fazer tudo sem pensar na troca ou no favor. Faço as coisas verdadeiramente, por vontade própria, sem a intenção de receber algo em troca. Vamos parar de medir o que os outros nos dão a partir do que esperamos receber. Como eu sempre digo: NINGUÉM É OBRIGADO A NADA! Obrigada, de nada.

Quero contar um pouco sobre as expectativas. Será que elas são apenas vilãs na história? Por muito tempo eu achei que sim, mas hoje digo: NÃO.

As expectativas são responsáveis também pelos nossos sonhos. Por tudo aquilo que nos move. Quando não as criamos, passamos a ter uma vida morna; não arriscamos, não temos emoção. Precisamos saber como dosá-las e usá-las ao nosso favor. Imagine-se bem velhinha, contando para os seus netos e netas tudo aquilo que deixou de viver por medo das reações dos outros, com medo de se frustrar, com receio de alguma ação dar errado... Agora se imagine fazendo o oposto disso: contando a eles que viveu e que se arriscou, dizendo que aprendeu muito com tudo isso, tanto com as coisas boas quanto com as ruins. E que você se decepcionou, sim, mas que hoje você se orgulha da mulher que é e sabe que tudo pelo que passou foi para torná-la essa mulher forte hoje. O que acontece com frequência é colocarmos as nossas expectativas nos outros, esperando que a outra pessoa faça exatamente o que esperamos, e tudo aquilo que não depende só de nós tem muitas chances de dar errado. Crie expectativas que não façam você se iludir. Espere ter respostas reais sobre os fatos para correr menos risco de sofrer decepções. Por isso, tente perceber quem realmente gosta de você e prove isso todos os dias com atitudes!

São as nossas atitudes que comprovam o que falamos, do contrário, de nada valem as palavras ditas. Ter ações é a melhor forma de expressar para o outro a sua verdade. São elas que falam por nós. Nós só marcamos a vida do outro com aquilo que fazemos e não com aquilo que desejamos dentro de nós.

DEVEMOS SENTIR TODAS AS NOSSAS EMOÇÕES E JAMAIS REPRIMI-LAS.

CAPÍTULO 4

PASSO 2: ENTENDER QUE PRECISA DE AJUDA

Nós somos seres humanos e precisamos das pessoas. O contato com elas nos leva a aprender e trocar experiências.

Para muitas pessoas, assumir que precisa de ajuda é uma das atitudes mais difíceis de se tomar, mas estou aqui para ajudar você a tomá-la. Entender que necessita de auxílio faz parte da cura, faz parte da evolução e, mais ainda, do perdão. Em alguns momentos – e pelos mais variados motivos, como orgulho, preconceito, medo de demonstrar fragilidade ou de ser alvo do julgamento dos outros –, nos escondemos, ocultando o que está de fato acontecendo no nosso interior. Ainda não inventaram uma bola de cristal que permita às pessoas próximas entenderem as dificuldades que estamos atravessando, então devemos externar quando precisamos de ajuda, caso contrário ninguém jamais saberá da nossa aflição.

Temos o triste hábito de sofrer mais do que deveríamos em situações que não estão sob o nosso controle, e hoje percebo que sofremos muito mais pela própria resistência em aceitar do que pelo "problema" em si. Devemos sentir todas as nossas emoções e jamais reprimi-las – eu sempre falo isso nas minhas *lives* e em alguns textos. Se pararmos para fazer uma breve análise, poderemos constatar, por exemplo, que a ansiedade pode nos proteger de algumas ameaças ou precaver algumas situações perigosas, o nojo serve para evitar nos contagiarmos com alguma doença, a tristeza para viver um luto e acaba por sua vez mostrando para os outros que não estamos bem... Desse modo, as emoções são importantes para os nossos momentos de vida e nos ajudam muito até na nossa sobrevivência. O problema é quando a emoção vira uma vilã, começa a usar a sua função contra nós mesmas e se torna uma espécie de inimiga. Como diz uma frase amplamente conhecida e difundida: "A dor é inevitável, mas o sofrimento é opcional". Você pode decidir quanto e como quer sofrer e, para isso, um dos princípios que precisa interiorizar é o de que o mundo é incerto e temos controle de pouquíssimas coisas, e isso faz parte dessa loucura chamada VIDA.

No entanto, há ainda outras questões que vêm à tona quando decidimos pedir ajuda: "Isso só acontece comigo?", "Será que ainda vão gostar de mim?", "Será que vão me achar fraca ou covarde?". São esses e outros inúmeros tipos de sentimento de inferioridade que nos impedem de clamar por socorro, e há muitos autores que tratam disso, como a própria Brené Brown, que já citei neste livro.

No mundo competitivo em que vivemos hoje, é comum pensar que, se pedirmos ajuda, estaremos condenadas a retribuir esse favor a alguém. Acreditamos que tudo é feito com a expectativa de obter algo em troca. Uma triste realidade de pensamento para muitas pessoas. Mas ainda bato naquela famosa e antiga tecla: o que esperamos dos outros é um reflexo de nós mesmas. Então, para mudar o que pensamos a respeito do outro, primeiro temos que analisar o que pensamos a respeito de nós mesmas. Quando pedimos ajuda a alguém, estamos reconhecendo que ninguém é melhor do que ninguém. Quando ajudamos, não somos melhores que o outro, e quando somos ajudadas, não somos piores. Aceitar ajuda não é humilhante e não rebaixa ninguém. Infelizmente, ainda é grande o número de mulheres que acreditam que pedir ajuda é sinal de fraqueza ou incompetência. Mas queria fazer você ver por outro lado, entender que deixar claro para os outros que você precisa ser

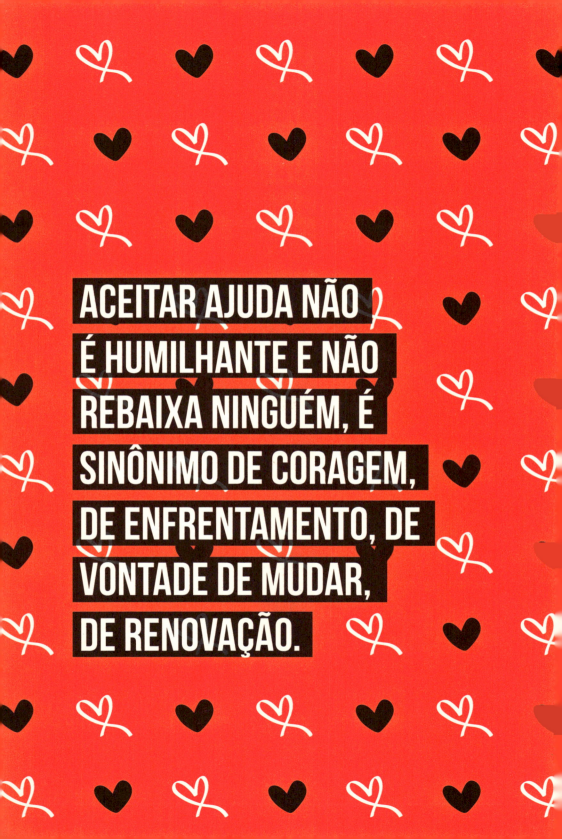

ajudada é sinônimo de coragem, de enfrentamento, de vontade de mudar, de renovação. Aceitar-se, a ponto de expor para outra pessoa algo que é totalmente seu, é admirável. Quando não somos capazes de fazer isso, criamos uma corrente de fraqueza, nos isolamos e isso só bloqueia a possibilidade de cura. Assim, o problema parece crescer ainda mais.

Pedir ajuda nos torna mais honestas, mais reais e verdadeiras, mais empáticas. Pedir ajuda não tem nada a ver com ser uma mulher fracassada, dependente ou inferior. É reconhecer nossas próprias limitações humildemente, é ter coragem para superar os preconceitos que nos fazem desconfiar dos outros.

Gostaria de pedir para você aceitar que não é perfeita, e digo: EU TAMBÉM NÃO SOU! Embora muitas pessoas ainda achem que sou uma mulher muito bem resolvida e que não tenho nenhum problema, eu tenho minhas fraquezas e dificuldades. Nós somos seres humanos e precisamos das pessoas. O contato com elas nos leva a aprender e trocar experiências. Por isso, quero propor um exercício a você.

A seguir, há um espaço no qual quero que você anote o nome das possíveis pessoas que poderiam ajudar você com uma conversa ou um desabafo e que façam se sentir bem e confortável. Talvez seja mais fácil separá-las por grupos, por exemplo, pessoas do trabalho,

NADA CONTRA VOCÊ, MAS, SE QUISER PASSAR O RESTO DA SUA VIDA SEM APARECER NA MINHA FRENTE, EU AGRADEÇO.

amigos, família etc. Então, faça essa lista de grupos de apoio que podem ajudá-la a tornar mais leve o peso dos problemas.

EXERCÍCIO

LISTA DE PESSOAS QUE PODEM AJUDAR VOCÊ

No círculo de amizades

_____
_____
_____
_____
_____
_____

No ambiente familiar

_____
_____
_____
_____
_____
_____

No trabalho

_____
_____
_____
_____
_____
_____

Em instituições com equipe especializada em ajudar

_____
_____
_____
_____
_____
_____

Agora que você listou esses nomes, ficou mais claro perceber quantas pessoas você tem à disposição para ajudá-la, e isso torna mais fácil e leve tomar decisões. Agora, é hora de agir e definir qual será a melhor forma de pedir ajuda nesse encontro que marcará com as pessoas. Lembrando que eu entendo que é difícil externar algo que muitas vezes é íntimo, mas essa atitude é necessária e vai trazer muito alívio e conforto a você. Caso não tenha realmente ninguém para compartilhar o seu problema de maneira mais imediata, sugiro que você busque um profissional treinado, um psicólogo ou alguém que tenha preparo para acolher as suas dificuldades e propor maneiras de solucioná-las. Você vai partilhar apenas o que machuca você, a fim de dividir esse fardo, porque imagino que para você está sendo bem difícil algumas vezes. Por esse motivo, aconselho você a fazer isso com alguém de quem goste e em quem confie, uma vez que é algo íntimo seu e, sendo feito dessa forma, você não será julgada e muito menos criticada. Muitas vezes, temos medo do julgamento dos outros e, por isso, acabamos não conseguindo expor o que está acontecendo de fato nem conseguimos ser ajudadas de maneira efetiva. Então, por que aceitar passar por isso?

Os nossos relacionamentos afetivos, quando não são saudáveis, nos levam a esse bloqueio em pedir ajuda, muitas vezes porque sentimos vergonha de tudo o que estamos vivendo e sofrendo dentro das relações. É como se você soubesse que existe algo muito errado e ruim acontecendo e ao mesmo tempo não tivesse forças para reagir. Existem pessoas que sugam todo o nosso brilho, a nossa energia e tudo que temos de melhor, além de nos impedir de evoluir. A cura, então, é bloqueada. Estamos, muitas vezes, em situações tóxicas que nos fazem sentir fragilizadas e confusas.

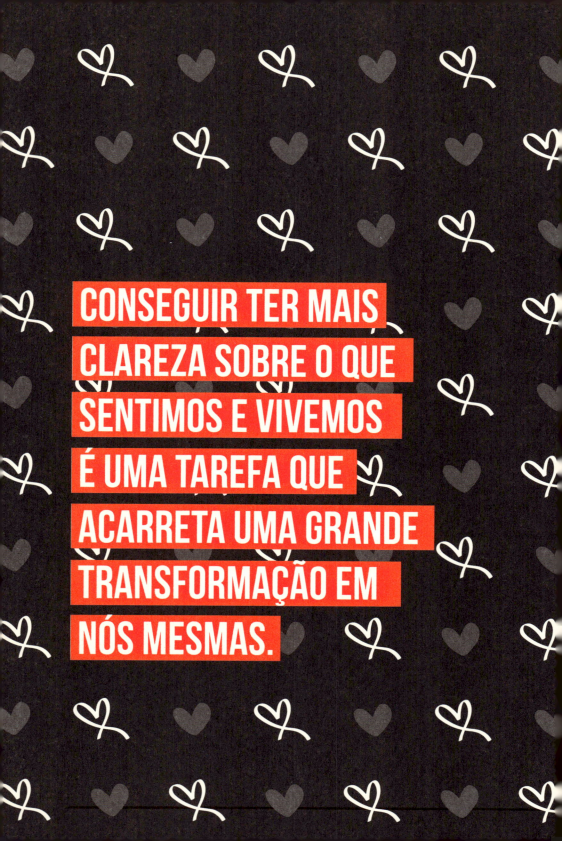

CAPÍTULO 5

PASSO 3: BUSCAR FORMAS DE FALAR SOBRE O PROBLEMA

> Dialogar nas relações faz uma grande diferença.
> Os nossos parceiros precisam, de fato,
> ser parceiros.

Precisamos externar mais as coisas, para ter mais clareza sobre tudo aquilo que estamos vivendo. Eu, por exemplo, encontrei meu refúgio e minha clareza na escrita. Sempre fiz isso. Escrevo há mais de vinte e cinco anos. Sempre amei escrever e também desenhar para pôr para fora (ou expressar) o que eu não compreendia ou o que me incomodava. É a forma que encontrei de aliviar um pouco minhas angústias ou de ter mais noção dos meus momentos e sentimentos. Há pessoas que externam de outras formas, fazendo outras coisas. Produzir algo artístico ou desempenhar uma atividade esportiva pode ser um meio de aliviar as inquietações.

Aprendi também que, quando estou sozinha diante de algum desafio, é mais difícil de lidar com ele, então partilhar as dúvidas com alguém pode ser muito positivo. Conseguir ter mais clareza sobre o que sentimos e vivemos é uma tarefa que acarreta uma grande transformação em nós mesmas. Ainda que não tenhamos consciência, todas nós usamos alguma estratégia para enfrentar determinada situação ou problema, e essa estratégia se chama mecanismo de enfrentamento. Esses mecanismos podem ou não ser intencionais, mas servem para enfrentar os nossos conflitos. Como cada uma de nós tem vida e experiências diferentes, cada uma também tem capacidades de enfrentamentos distintas diante dos desafios e das situações propostas. A importância de ter esses recursos reside no fato de que quanto mais ricos e variados eles forem, com mais satisfação vamos enfrentar as dificuldades e os obstáculos no caminho.

Eu precisei de ajuda profissional. Já fiz terapia, já frequentei psiquiatra, já tive depressão, distúrbios alimentares e de ansiedade. Hoje, aqui neste livro, posso contar com mais segurança desses meus problemas do passado e não temo mais expor o meu lado frágil.

Entendi que não sou a primeira a passar por dificuldades nem serei a última, infelizmente. E aprendi que, dessa forma, eu posso ajudar outras pessoas a entender as suas fraquezas e a não ter vergonha de revelar que também sofrem e pedir ajuda para se livrar desse sofrimento. Hoje sei que viver cada etapa do processo foi muito importante para mim.

Passei pela minha primeira crise depressiva aos 15 anos, na adolescência, e isso há mais de quinze anos era quase um tabu. Eu arrancava os meus cabelos. Eu era mais calada e externava muito pouco do que eu sentia, e essa prisão interna me acarretou alguns sérios problemas. Busquei ajuda, meus pais perceberam que eu precisava de auxílio, minha irmã e meu namorado na época também me apoiaram nessa fase crítica. Eu fiz terapias, tomei remédios, antidepressivos e me curei. A depressão, como já sabemos, tem altos e baixos, e temos que viver um dia de cada vez e aprender devagar a lidar com isso. Por um tempo, vivi sem saber que tinha lidado com ela, e hoje já adulta eu entendo cada fase pela qual passei. Hoje mais do que nunca sei que é importante externar os problemas, seja da forma como for mais confortável. Guardar não é solução.

Jamais devemos esquecer que a nossa fraqueza também serve para nos mostrar que podemos lutar e que somos mais fortes do que imaginamos ser. Comigo foi assim. Com bastante frequência, recebo relatos com pedidos de ajuda e sempre dou um conselho que, para a minha

QUANTO MAIS EXTERNAMOS AS COISAS DE MANEIRA PACÍFICA, MAIS APRENDEMOS A EXPRESSAR PENSAMENTOS E SENTIMENTOS DE MANEIRA CONSTRUTIVA E EFICAZ.

vida, foi determinante: PEÇA A AJUDA DE UM PROFISSIONAL. Minha irmã é psicóloga e, por conviver com ela e por ter feito e ainda fazer terapia, sei quanto é importante buscar tratamento com um profissional.

Infelizmente, temos o triste hábito de pensar que somente quem sofre de problemas como ansiedade, depressão ou até mesmo outras doenças mais graves precisam recorrer à ajuda psicológica. O acompanhamento com um psicólogo é recomendado para diferentes momentos da vida, como dificuldades no relacionamento, dúvidas em relação à carreira e a si mesma, busca por autoconhecimento ou mesmo para descobrir como alguns tipos de comportamento que estabelecemos inconscientemente podem influenciar diretamente na nossa vida. Mas como saber qual tipo de abordagem terapêutica é a mais adequada para o momento que você está vivendo ou com qual você vai se identificar mais? Não existe fórmula para determinar o tipo de terapia que mais se adequa a você, mas conhecer como funcionam determinadas abordagens pode ajudá-la a entender mais e a fazer uma escolha mais eficaz e confortável para o seu momento. Vou listar alguns tipos para você entender que existem várias linhas de atuação quando se trata de psicoterapia. Veja:

- Psicanálise
- Psicologia humanista

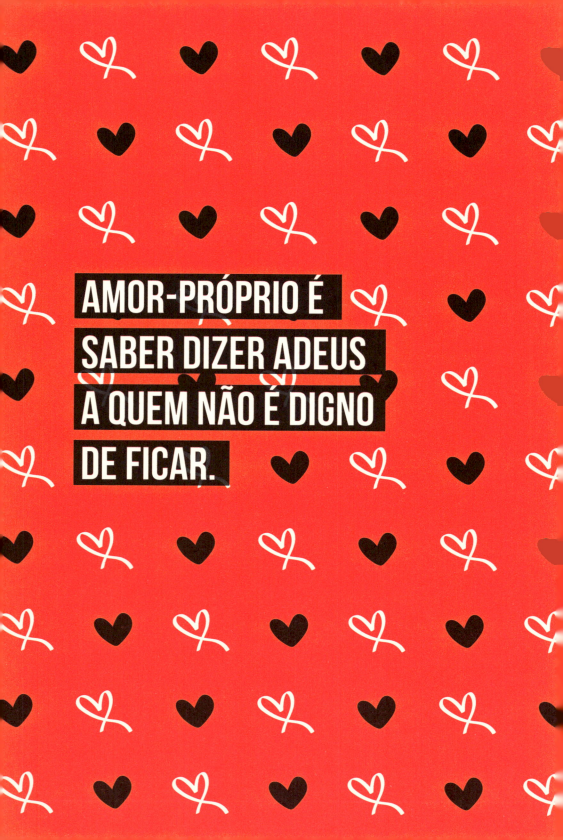

- Psicologia comportamental
- Psicologia positiva
- Psicologia sistêmica
- Gestalt
- Terapias alternativas (aqui entram reiki, constelação familiar etc.)

Entre outros tipos... Sim, existem outros tipos!

Não precisamos chegar ao fundo do poço para pedir ajuda. Às vezes, quando achamos que estamos bem, na realidade estamos mesmo precisando de socorro. Procure vencer o seu medo. Acredito que este meu pequeno relato de como dei a volta por cima possa encorajar você a buscar a ajuda que falta ou mostrar que somos mais parecidas do que qualquer um pode pensar, e que é possível ter uma vida plena e muito feliz! Você consegue!

Construindo pontes em vez de muros

Às vezes, nos relacionamos com alguém, mas não conseguimos expor o que nos aflige ou o que está nos fazendo mal na relação. Temos o triste hábito de querer que o outro adivinhe tudo aquilo que acontece dentro de nós e, na maioria das vezes, o outro não nos enxerga, não sabe o que se passa no nosso coração. A gente até costuma achar que é pouco caso... Na verdade, quando isso acontece, pode ser também que não estejamos cumprindo a nossa parte de falar o que nos faz mal. Ou seja, falta diálogo. Essa é a palavra mais importante que devemos ter em mente quando há alguma dissonância na relação. Dialogar nas relações faz uma grande diferença. Os nossos parceiros precisam, de fato, ser parceiros. Se não fosse assim, não precisaríamos nos relacionar.

O mesmo acontece no ambiente familiar: você precisa dialogar com seus pais, seus irmãos e outros membros da família. E não só com eles: precisa estabelecer um contato franco e direto com os colegas, no trabalho. Ou seja, qualquer relação entre pessoas é movida pelo diálogo. É importante ressaltar que esse diálogo precisa ser saudável, e não agressivo e inadequado.

> Não pense que o que diz é empatia. Assim que pensa que o que diz é empatia, estamos distantes do objetivo. Empatia é onde conectamos nossa atenção, nossa consciência, não o que falamos. – Marshall Bertram Rosenberg

Você já ouviu ou leu algo sobre a comunicação não violenta? Ou conhece o termo CNV? Minha irmã, Marina, que é psicóloga, já estudou e ainda estuda sobre isso e sempre me fala muito a respeito. O termo foi criado pelo psicólogo americano Marshall Bertram Rosenberg, que sofreu bullying durante a infância.

A definição de comunicação não violenta (CNV) nos diz que ela:

> [...] é baseada nos princípios da não violência – o estado natural de compaixão, quando a não violência está presente no coração. CNV começa por assumir que somos todos compassivos por natureza e que estratégias violentas – se verbais ou físicas – são aprendidas, ensinadas e apoiadas pela cultura dominante. CNV também assume que todos compartilham das mesmas, necessidades humanas básicas, e que cada uma de nossas ações são uma estratégia para atender a uma ou mais dessas necessidades.[4]

Depois de conhecer um pouco o trabalho de Marshall Rosenberg e a comunicação não violenta (CNV), consegui perceber que muitos dos problemas que passamos nos nossos relacionamentos pessoais e profissionais poderiam ser resolvidos se tivéssemos a habilidade de

---

4 [Em tradução livre] CNVC. *The Center for Nonviolent Communication*. Disponível em: https://www.cnvc.org/. Acesso em: 15 jan. 2020.

RESPEITE-SE A PONTO DE DIZER PARA SI: "EU MEREÇO ALGO MELHOR" E IR EMBORA.

criar uma comunicação com mais empatia e compaixão, pensando na ideia de uma vida mais rica e harmoniosa com os outros.

Quanto mais externamos as coisas de maneira pacífica, quanto mais praticamos o hábito de falar, mais aprendemos a expressar pensamentos e sentimentos de maneira construtiva e eficaz. A comunicação baseada na cordialidade torna mais fácil expressar as nossas insatisfações e, com ela, aprendemos também a enxergar quando algo não vai bem no outro.

Agindo dessa forma, pouco a pouco você perceberá como a sua vida melhorou e como está mais fácil fazer amizades, como as relações ficam menos desgastadas e como é mais fácil ajudar e ser ajudada. Falar, expressar o que pensamos e sentimos ajuda a melhorar a nossa saúde, diminuindo os níveis de ansiedade e de nervosismo.

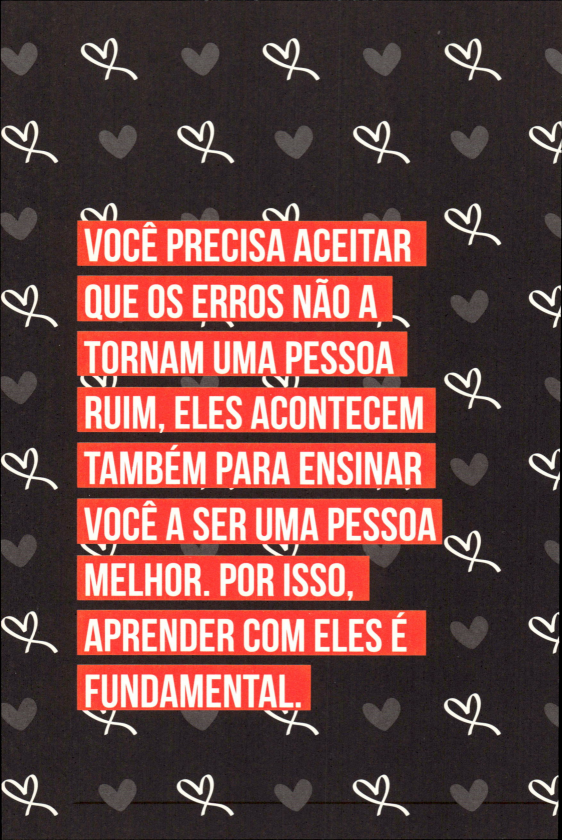

CAPÍTULO 6

PASSO 4: PERDOAR AOS OUTROS E PERDOAR A SI MESMA

É muito importante ter o discernimento de que temos responsabilidade por tudo aquilo que acontece na nossa vida.

Eu diria que essa, é talvez, uma das fases mais importantes no processo de se amar. Não que as outras não sejam importantes, mas quando conseguimos exercitar o perdão, conseguimos realmente nos libertar, e então tudo conspira ao nosso favor. E quero dizer, principalmente, se perdoar e depois perdoar aos outros.

Para muitos, perdoar é a tarefa mais difícil, admitir o erro e pedir perdão requer coragem. E, quando falamos do autoperdão, é ainda mais complicado. Algumas vezes, essa trajetória é complexa, e você vai precisar aprendê-la por meio da autoconsciência e de muita compreensão de que a vida é uma caminhada.

Primeiramente, você deve entender por que precisa do perdão, admitir a sua responsabilidade. É péssimo se sentir com a consciência pesada. Você precisa aceitar que os erros não a tornam uma pessoa ruim, eles acontecem também para ensinar você a ser melhor, por isso, aprender com eles é fundamental. Todas nós já erramos ou vamos errar em algum momento da vida. Isso é natural. Aproveite esse aprendizado para ser uma pessoa mais preparada para o que der e vier, com mais qualidades e menos medos. Segundo a psicóloga Marina Queiroz,

> [...] quando nos olhamos com compaixão, fica mais fácil exercitar o autoperdão, entendendo que estamos em constante movimento de aprimoramento. Os erros ensinam preciosas lições que contribuem para você se superar, crescer e se tornar uma pessoa mais madura. Além disso, como disse Carl Rogers, em seu livro *Tornar-se pessoa*: "O paradoxo curioso é que quando eu me aceito como eu sou, então eu mudo". A mudança

que desejamos não vem com autocrítica e autopunição, vem a partir da aceitação que requer o autoperdão.[5]

Você pode estar se doendo por ter agido de maneira errada com alguém, então eu lhe digo: primeiramente, você não tem responsabilidade pelas ações e atitudes dos outros, e perceber isso já é um passo para estar mais próxima da cura. No sentido oposto, alguém que fez algo de ruim a você também merece o seu perdão. E os benefícios de perdoar aos outros têm sido largamente difundidos em livros e até na internet. Você pode ler, por exemplo, o livro *Perdão, a revolução que falta*, de Heloísa Capelas (Editora Gente, 2017).

O perdão não precisa ser dito. Posso dar um exemplo que aconteceu comigo. Nesse caso, o perdão aconteceu dentro de mim. E foi um momento tão especial, que o guardo na memória até hoje. Chega a ser engraçado pensar que o perdão não é ou não será um ato entre você e o seu parceiro ou parceira. E também não acontecerá na presença dele ou dela. Em alguns momentos, temos que fazer isso apenas dentro de nós. É entre você, os seus sentimentos, dificuldades, crenças e limitações. É entre você e você mesma.

---

[5] QUEIROZ, Marina. *Autoperdão: de onde vem a capacidade de nos perdoar? Descubra aqui!*. Disponível em: https://opsicologoonline.com.br/autoperdao/. Acesso em: 16 jan. 2020.

VOCÊ PRECISA SE AMAR E SER MAIS COMPREENSIVA CONSIGO MESMA.

O perdão não é um ato simples. E talvez você esteja se perguntando onde eu estou com a cabeça em dizer que o ato de perdoar tem mais a ver com você do que com o outro. Confesso que não conseguia enxergar o perdão assim no passado, mas aprendi que ele é o momento em que você se desprende daquela expectativa que criou em relação ao outro ou a uma situação, que acabou acontecendo de maneira diferente da que você esperava. Porque, mesmo que o fim do relacionamento não esteja ligado a algo que tenhamos feito, sempre existe, lá no fundo, aquela dúvida sobre onde erramos, o que deveríamos ter feito para que fosse diferente, e a ideia de que, se tivéssemos agido de outra maneira, tudo poderia estar bem. Essas perguntas nos rodeiam e alimentam o sentimento da culpa.

Aceitar o que aconteceu e entender que você fez tudo o que poderia ter feito é abrir os olhos para a realidade. Perdoando, você consegue se livrar de toda a dor e de tudo aquilo que a prende àquele relacionamento. O perdão permite a você seguir em frente e abre as portas para o recomeço. Ele liberta o rancor que existe dentro de você e fecha as feridas que ainda estão abertas no peito. Você se sente pronta para viver tudo o que a espera de positivo. No meu caso, quando eu consegui perdoar, me senti quite com a vida e livre para segui-la em paz. Para me entregar a outros relacionamentos, a outras experiências... Para me permitir ser feliz novamente. Recomeçar.

EXERCÍCIO

Escreva uma mensagem dizendo como determinada ação no passado feriu você, para perdoar esse alguém que lhe causou algum dano.

_____

_____

_____

_____

_____

_____

_____

_____

_____

É muito importante ter o discernimento de que temos responsabilidade por tudo aquilo que acontece na nossa vida, e isso vale para o perdão. É fundamental saber reconhecer onde houve falhas e decisões equivocadas. Assim, se torna mais fácil entender sobre o autoperdão. É um ato de humildade com você mesma entender que a culpa também é sua por tudo que acontece com você.

Todos nós carregamos características e comportamentos das pessoas com quem nos relacionamos, seja no âmbito amoroso e no familiar, seja no profissional e com os nossos amigos. Herdamos hábitos e emoções de quem está à nossa volta e esse é um comportamento natural, então não se culpe por isso.

EXERCÍCIO

Agora, descreva uma situação em que você se portou mal com alguém e busque argumentos para perdoar a si mesma.

_____
_____
_____
_____
_____
_____
_____
_____
_____
_____

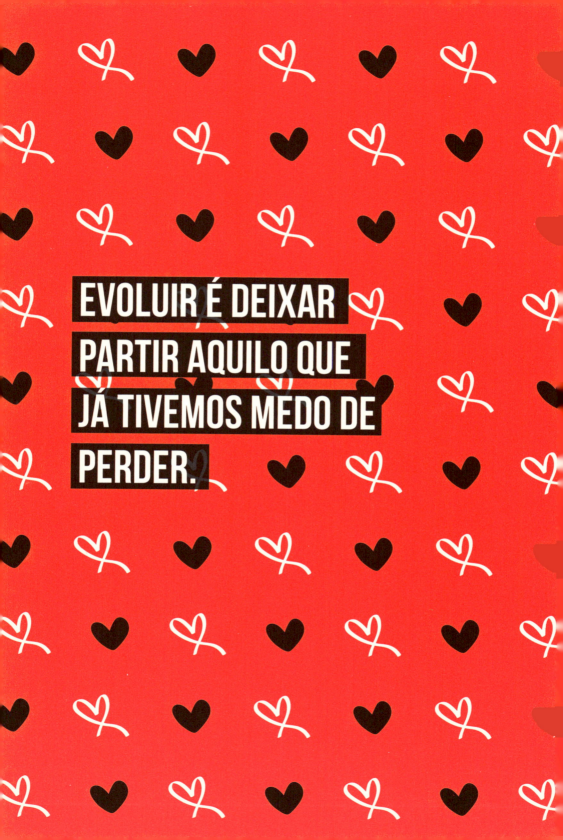

É importante sempre se lembrar de que você fez e faz o melhor por você, portanto seja generosa consigo mesma.

Vamos fazer uma pequena reflexão: como você se sente quando eu me refiro ao autoperdão?

Imagine que você acabou de quebrar algo que ganhou da sua avó há muitos anos, ou que você acabou de bater o seu carro zero em uma pilastra do estacionamento do shopping, ou, ainda, que acabou machucando uma colega de trabalho ao fazer algo que imaginou que não iria ocasionar nenhum acidente. Como você lida com os seus sentimentos perante alguma dessas situações? Isso já diz muito sobre o seu comportamento em relação ao autoperdão. Você se pune? Briga consigo mesma? Chora? Critica-se e se desrespeita, repetindo palavras negativas?

Pode ser também que você seja uma pessoa com o padrão elevado para a crítica e isso a atrapalhe ao se perdoar. Você precisa se amar e ser mais compreensiva consigo mesma. Dificuldade em compreender pode ser um dos fatores mais complicados para a prática de aceitar o erro. Principalmente quando se trata de algo mais difícil de ser "consertado". Muitas vezes, é impossível corrigir o erro, então é necessário aceitar, perdoar e agradecer.

A gratidão faz parte do processo de perdão. Chega a ser engraçado eu dizer que ser grata em um momento de desastre, angústia ou tensão é importante. Na verdade, essa atitude é peça-chave no processo de cura, entender que nada acontece por acaso e tudo serve para nos ensinar algo, mesmo quando esse ensinamento não vem de maneira imediata. As fichas caem com o tempo, tudo o que acontece está milimetricamente disposto a nos ensinar qualquer coisa, seja na forma mais branda, seja na mais dura que existe. Por esse motivo, não devemos nos desesperar, mas, sim, tentar sempre manter o controle das nossas emoções. Sabemos que, em determinados momentos, é muito difícil nos controlar e, em primeira instância, é quase impossível manter esse controle, mas ele é realmente peça-chave para o processo. Por isso, vamos falar dele com mais detalhes.

CAPÍTULO 7

PASSO 5: SER GRATA PELOS APRENDIZADOS QUE AS DIFICULDADES TRAZEM

Nada pode deter a pessoa que entende o que merece.

Durante a vida, passamos por todos os tipos de situação. Cada dia é distinto do outro, logo sempre temos a possibilidade de obter um aprendizado diferente. Comecei a olhar a minha caminhada dessa forma, a tratar os acontecimentos à minha volta com mais leveza, com mais gratidão, e logo comecei a ver muitas coisas maravilhosas acontecendo comigo, não só no meu trabalho, mas também na minha casa e nos meus relacionamentos. É extraordinário perceber como a gratidão é transformadora. A gratidão é uma emoção que

> [...] tem sido bastante analisada pela ciência nas últimas décadas. E os estudos só comprovam os inúmeros benefícios que ela exerce em quem a pratica no seu dia a dia. Entre as diversas pesquisas, ganha destaque, por exemplo, a realizada na Universidade de Indiana, nos Estados Unidos, e publicada em 2016.
>
> O estudo foi feito com 43 pessoas, homens e mulheres de idades diversas, que participaram do experimento de maneira voluntária. Em comum, todos se tratavam de depressão e distúrbios relacionados à ansiedade. Desses, 22 foram submetidos por três meses a sessões semanais em que deveriam passar um tempo determinado escrevendo cartas para expressar gratidão. Eles eram incentivados a agradecer pelo dia que tiveram, por um encontro com um amigo... Ao final, verificou-se que aqueles que fizeram essa prática ativaram uma área do cérebro responsável por tal sentimento e conseguiram tratar seus distúrbios com mais facilidade.
>
> Outro especialista no assunto, o psicólogo americano Robert A. Emmons, também atestou, por meio de suas pesquisas, como a gratidão reduz as emoções tóxicas das pessoas e gera o

aumento da felicidade. Isso porque, segundo seus estudos, ao sermos gratos liberamos no organismo um neurotransmissor conhecido como dopamina, que gera dentro da gente uma onda interna de bem-estar e prazer. Emmons é autor do best--seller *Agradeça e seja feliz!*.[6]

Gosto muito de uma imagem que vi na internet uma vez para exemplificar o que eu quero dizer. A imagem traz a foto de um ipê rosa todo florido e com algumas flores caídas no chão, deixando a grama ao redor cor-de-rosa. Nessa imagem, existem duas pessoas observando o ipê, uma delas diz: "Nossa, que lindo ipê, todo florido!", enquanto a outra diz: "Veja só, o chão está todo sujo!". Nesse caso, podemos observar que as duas situações realmente acontecem: o ipê está florido e a grama está coberta pelas flores que caíram. A questão principal é: em qual dessas situações é mais importante focar? Diante dos fatos que nos acontecem, muitas vezes vemos as coisas apenas por um viés negativo, deixando de lado a oportunidade de percebê-las de outra forma. Quando ficamos com o olhar negativo em relação a tudo, a vida se torna mais pesada.

Às vezes, temos o costume de tratar tudo que nos contraria de maneira rude, negativa, com medo, ansiedade, exagero e angústia. Eu

---

6   VIDA SIMPLES. *O poder da gratidão*. Disponível em: https://vidasimples.co/ser/o--poder-da-gratidao/. Acesso em: 16 jan. 2020.

ESTÁ PASSANDO DA HORA DE APRENDER QUE AS PERDAS TAMBÉM SÃO GANHOS.

também já fiz isso. É a famosa bola de neve, que só tende a aumentar ou que nós mesmas ampliamos de modo catastrófico. Dramatizamos a nossa vida e os acontecimentos que não nos agradam. Tudo parece ser muito maior do que é. Parece que colocamos uma lente de aumento nos olhos e começamos a ver dificuldade nas nossas relações e ações, perdemos as forças, damos o famoso braço a torcer. Mas será mesmo que é tudo isso, ou é apenas obra da imaginação e do nosso ego? Em grande parte, sim, é obra do nosso ego.

Às vezes aquele namoro já não ia bem, então ele ter chegado ao fim foi o melhor para a sua vida. Você cresceu mais no âmbito pessoal, aprendeu a se valorizar. Começou a se dedicar aos amigos que já eram uma terceira, quarta opção na sua vida. Teve tempo de viajar mais para ir àquele lugar que você tanto sonhava conhecer. Ou comprou aquela roupa que sempre quis, mas nunca poderia usar estando naquela relação doentia e cheia de julgamentos na qual você vivia. Talvez o seu divórcio tenha lhe dado de presente mais tempo para você se cuidar, para se dedicar a si mesma. Agora, cortar o cabelo, por exemplo, é algo que dá liberdade e não medo de reprovação. Provavelmente, agora você tem mais tempo de conhecer os seus filhos, caso você os tenha, e mais paciência para cuidar deles. Talvez aquela amizade ter acabado foi um fato que trouxe a você maior disponibilidade para se dedicar mais aos outros amigos; ou ainda fez você perceber quanto a sua vida é legal sem ter alguém do lado que só a deixava para baixo e sugava a sua energia. Agora você pode ser você mesma, sem nenhuma amarra. Pode ser que a demissão tenha lhe mostrado quanto você é forte e capaz de se adaptar ao novo, quanto você tem garra para se virar e conseguir aquele emprego dos sonhos ou quais talentos seus estavam escondidos por trás daquele uniforme que só lhe trazia desânimo. Agora você é LIVRE, livre para ser quem você é de verdade.

Tudo isso que eu falei ainda é difícil de ser percebido por algumas pessoas, pois elas estão presas e apegadas ao passado. Não vivem o presente e, como consequência, não conseguem criar um futuro diferente. Essas pessoas tendem a ver sempre o que falta e não percebem o que elas já têm e o que ainda podem vir a conquistar, por alimentarem o negativismo na sua vida.

Já recebi relatos de mulheres que ainda se vitimizam até sem perceber e se sentem incapazes de abandonar o passado delas, mesmo vivenciando situações extremamente críticas e destrutivas. Mulheres que não conseguem deixar partir o que já partiu ou algo que partiu o seu coração.

Temos esquecido de viver a nossa real verdade e essência. Está passando da hora de aprender que as perdas também são ganhos e que, muitas vezes, depois de perder algo, o ganho é mil vezes maior.

Agora vou dar uma dica de um exercício que eu faço para treinar a minha mente a enxergar as coisas com uma visão mais positiva.

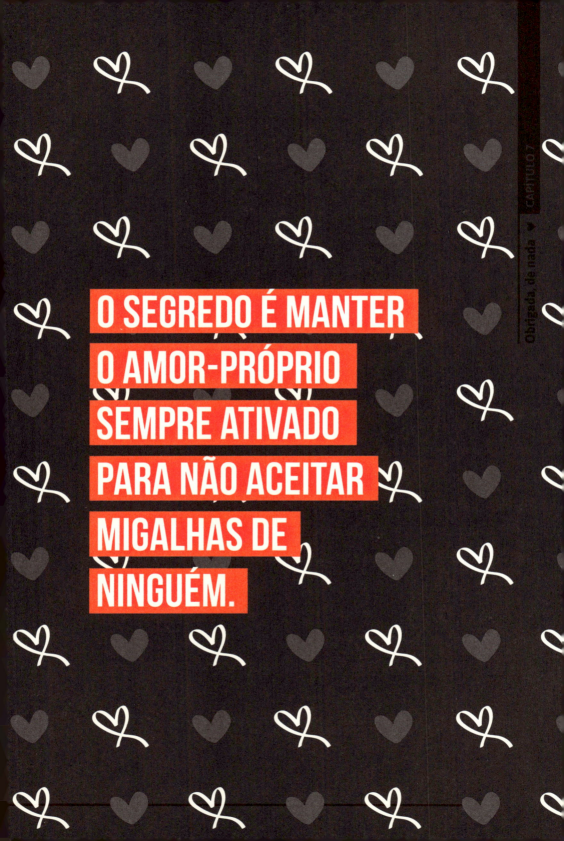

EXERCÍCIO

Para treinar o seu cérebro a enxergar as coisas com gratidão, pegue um bloco de anotações ou um caderno. Você pode, inclusive, colori-lo, fazer colagens e personalizá-lo com a sua identidade. Escolha um horário confortável e tranquilo todos os dias e escreva pelo menos cinco coisas pelas quais você é grata. Não precisa ser algo "grandioso": às vezes, é comum deixar passar pequenas graças despercebidas no dia a dia, por exemplo, parar e admirar um lindo pôr do sol. Isso será importante para que você desperte emoções positivas na sua memória e, assim, possa aumentar o seu bem-estar.

EXERCÍCIO

Este exercício é muito importante para que você possa ver uma situação desagradável que aconteceu na sua vida por outra perspectiva. Pegue uma folha de papel ou o mesmo caderno que usou no exercício anterior e descreva o fato na terceira pessoa, ou seja, como se você estivesse contando uma história de alguém para um amigo quando, na verdade, ela foi vivida por você. Por exemplo, suponha que você se chama Marina e quer falar sobre o término do seu relacionamento, você começará escrevendo assim: "A Marina terminou o seu relacionamento com o João e está se sentindo...". É importante descrever todas as situações envolvidas no fato; quanto mais detalhes, melhor. Também escreva sobre todas as pessoas envolvidas na história, caso elas existam, como se você fosse um observador assistindo a um filme. Após escrever, leia a sua história e, como se fosse uma outra pessoa contando, observe como você vai se sentir e se a percepção de algo mudou, mesmo que seja uma mudança quase imperceptível.

CONECTAR-SE COM A NATUREZA É MUITO IMPORTANTE E É UMA ÓTIMA MANEIRA DE SE CONCENTRAR NO AGORA.

CAPÍTULO 8

PASSO 6: PENSAR EM AÇÕES PARA MUDAR O PADRÃO ANTERIOR

Permita-se viver mais, permita-se experimentar mais, vença o medo de perder o que não é seu de fato.

Em alguns momentos da vida, é muito comum nos depararmos vivendo novamente situações quase idênticas a algo já vivenciado por nós. Nesses instantes de *déjà vu*, posso apostar que você já pensou: "Nossa, isso está acontecendo de novo" ou "Aconteceu a mesma coisa, porém agora com uma pessoa diferente... mas é uma

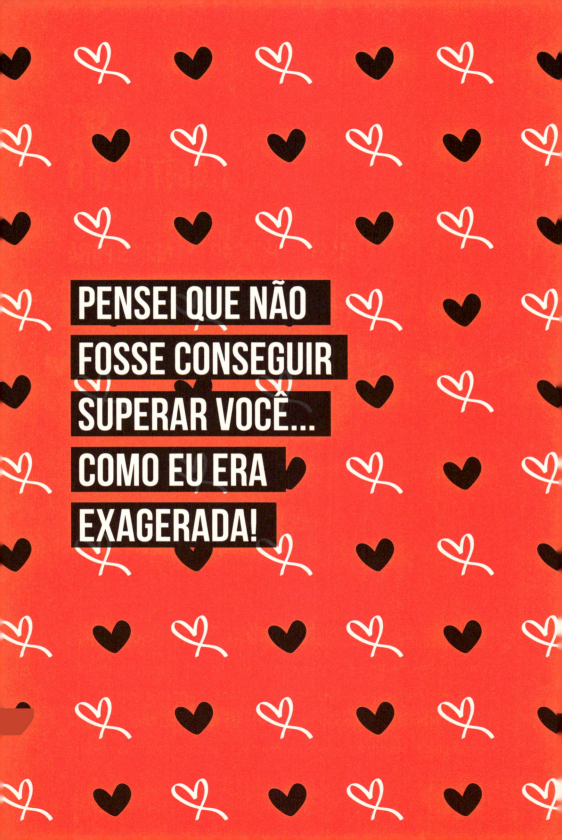

situação igual". Isso acontece quando incorremos na famosa e temida repetição de padrão; e pode ocorrer também quando procuramos um resultado diferente, porém agimos da mesma forma como em outras malsucedidas situações anteriores. O resultado disso é viver a mesma coisa, porém com novos "personagens".

Quando passamos por algum tipo de trauma, é comum criarmos um sistema de defesa devido ao famoso medo de voltar a passar por aquilo no futuro. Com isso, ainda que de maneira inconsciente, podemos criar imagens mentais de repúdio a essas situações. Esses pensamentos podem se tornar a nossa realidade. Você pode estar pensando, por exemplo: "Eu sempre imagino uma relação amorosa saudável, mas sempre me aparece um parceiro louco, abusivo, mau-caráter". Explicando de maneira básica esses pensamentos, você torna real tudo aquilo que mais observa na sua própria realidade. Quanto mais observa ou vivencia algo, sobretudo se for sob forte emoção, maiores as chances de materializar esse fato na sua vida. Desse modo, se você vivenciou uma situação de abuso, por exemplo, e o seu inconsciente guardou essas memórias, os traumas e o sentimento de não ter um parceiro ou parceira de bom caráter, esses sentimentos acabam sendo mais fortes dentro de você do que os de merecer ter um parceiro equilibrado e respeitoso. Assim, inconscientemente, o seu foco maior será sempre evitar o abusador. Então, a busca por uma relação saudável entra em confronto com o medo de sofrer novamente com um relacionamento traumático. Esse temor se torna um fator decisivo que a impede de se relacionar de maneira plena, pois estará permanentemente receosa de se envolver em um novo relacionamento tóxico, e esse receio permanente acaba atraindo justamente aquilo que não quer, pois é nisso que inconscientemente você mais pensa, entende? Esses mecanismos têm sido largamente explicados pela física quântica e pela neurociência. Por isso, gostaria de ajudá-la a ter mais consciência da sua vida e dos seus padrões de pensamento e ação fazendo o exercício a seguir.

EXERCÍCIO

O que você tem atraído para a sua vida até hoje? Parceiros tóxicos, relacionamentos com traição, agressões, relações não permanentes? A fonte para entender de onde vem tudo isso está na sua história. Faça uma reflexão de tudo que você já viveu, inclusive quando não tinha nenhuma relação afetiva na sua vida. Não somos vítimas, como normalmente nos colocamos, mas, sim, pessoas que recriaram inconscientemente as situações que foram mais recorrentes na nossa vivência.[7]

---

7   Se quiser se aprofundar a respeito desse assunto você pode pesquisar na internet ou em livros sobre inteligência emocional, como os do Paulo Vieira, ou mesmo sobre física quântica.

VÁ SE DISTANCIANDO DO QUE TE FAZ MAL. E EU NÃO ESTOU FALANDO DE QUILÔMETROS.

Depois desse exercício, é hora de procurar deixar o passado no passado. Sei que ele faz parte de quem você é, porém não podemos mudá-lo nem permitir que ele direcione a nossa vida atual. Por isso, quero lhe falar da importância de viver o agora a todo instante. Pode parecer clichê, eu sei, mas é importante que procure praticar isso na sua vida a partir de hoje. Você verá como a perspectiva da vida muda e muitos problemas adquirem menor dimensão. Vamos a outro exercício.

EXERCÍCIO

Minha irmã sempre me diz para praticar alguns exercícios para eu me conectar com o presente. É muito importante se conectar com o agora para ter mais equilíbrio emocional, ser mais produtiva e ter mais felicidade. Então aqui vai uma sequência de práticas para adotar no seu dia a dia que adaptei a partir de um texto disponível na internet.[8]

---

[8] JRM COACHING. *Exercícios de atenção plena para aprender a se concentrar no presente*. Disponível em: https://www.jrmcoaching.com.br/blog/exercicios-atencao-plena-para-aprender-se-concentrar-presente/. Acesso em: 16 jan. 2020.

1. Ao acordar, SEJA GRATA

Quando começamos o dia com gratidão, automaticamente iniciamos um processo de treino na nossa mente para buscar enxergar o lado positivo das coisas.

2. Sinta o seu corpo

Uma das maneiras mais simples de se conectar consigo mesma é sentindo cada parte do seu corpo. Para isso, é preciso que se concentre em cada membro. Feche os olhos, comece pelos dedos dos pés e siga até chegar à cabeça. Essa etapa ajuda a treinar a sua atenção para cada parte do seu corpo.

3. Respire em atenção plena (*mindfulness*)

A respiração é um poderoso elo que temos com o momento, por isso ela é tão valorizada em exercícios de *mindfulness*. Experimente respirar de modo consciente por cerca de dez minutos ao acordar ou antes de dormir. Inspire e expire o ar lentamente, sentindo o seu abdômen contrair e expandir. Assim, entramos num processo meditativo que ajuda muito.

4. Sorria para o espelho

Você tem o costume de se olhar no espelho para se admirar ou para procurar defeitos? Com esse deste exercício, você aprenderá a se apreciar e a olhar para si com gentileza. Fique na frente do espelho por alguns minutos e admire a sua beleza.

Obs.: Algumas pessoas sentem extremo desconforto em se admirar, mas é preciso, aos poucos você começa a se sentir mais confortável.

5. Conecte-se com a natureza

Conectar-se com a natureza é muito importante e uma ótima maneira de se concentrar no agora. Eu, particularmente, amo! Sempre que tenho tempo vou a algum local bem verde, a cachoeiras, a algum parque ou a um lugar que tenha árvores e gramado. Fique descalça, coloque os pés no chão, toque nas plantas, sinta os aromas da natureza. Faça isso regularmente e veja quanto se sentirá reenergizada e viva! Ah, me mande fotos desse momento, eu amo!

6. Ouça música

É muito bom colocar aquela música que você ama e escutar de verdade. Temos o hábito de escutar música fazendo outra atividade, mas nesse momento se dedique a escutá-la plenamente. Você vai ver que faz diferença.

Espero que cada um desses exercícios ajude você a se conectar consigo mesma e com o presente.

A partir desse momento, vamos começar a apagar as informações que estão atrapalhando os nossos relacionamentos ideais ou qualquer outra experiência positiva na nossa realidade.

Permita-se viver mais, permita-se experimentar mais, vença o medo de perder o que não é seu de fato. Aprenda a se jogar mais, estamos nessa vida para aprender. E desde que as suas ações não prejudiquem ninguém, nem você mesma, tudo é passível de mudança. Por quanto tempo ainda você vai deixar de viver momentos inesquecíveis por temor de se arriscar? Vamos construir juntas um novo modelo de vida e de padrão. Vamos começar a atrair apenas o que nos edifica e nos transforma em mulheres melhores. Vamos soltar as amarras de um passado sem futuro e construir uma realidade mais promissora.

Esse é um processo lento e que parece árduo, eu sei. Mas posso assegurar a você que juntas conseguiremos. E eu lhe digo que é possível, porque já passei por isso. Já vivi situações repetidas e não conseguia enxergar onde estava o "erro". E depois de ler e estudar muito, trocar várias experiências, comecei a entender melhor o funcionamento das crenças. Esse entendimento me levou a agir de maneira diferente, não só com uma nova formulação de pensamento, mas também com atitudes positivas, transformando tudo aquilo que me cercava.

Está na hora de colocar um basta. Eu leio diariamente muitos desabafos de pessoas que me escrevem, e grande parte dessas confissões cai na teoria do "está acontecendo de novo" ou "eu tenho o dedo podre". Agora que já expliquei a você onde pode estar esse equívoco, é hora e mudar.

CAPÍTULO 9

PASSO 7: COMEMORAR PEQUENAS VITÓRIAS COM AS MUDANÇAS (AMOR-PRÓPRIO)

Quando eu digo que precisamos ser egoístas em determinadas situações, estou me referindo a esse exercício de estimular o amor-próprio, pensando mais em você.

Eu diria que o ideal seria se nós tivéssemos uma lupa mágica, com a qual pudéssemos olhar de perto onde erramos e o que podemos aprender com cada erro. Muitas de nós ainda gostariam de ter uma borracha mágica para apagar certas vivências. Para essas,

NÃO TIRE SUA PRÓPRIA PAZ TENTANDO RESOLVER PROBLEMAS QUE NÃO DEPENDEM SÓ DE VOCÊ.

digo com toda convicção: EU NÃO APAGARIA NADA! Tudo aquilo que vivemos serve para nos ensinar algo, seja para o bem, seja para o mal. Eu sei, é muito clichê dizer isso, mas é a maior verdade que existe. Tudo que você é agora é fruto de tudo pelo que passou. E, muitas vezes, os erros e as "quebradas de cara" foram as peças mais importantes para você se tornar a mulher que é hoje.

A nossa evolução acontece como resultado dos nossos erros e acertos. Quanto mais passamos por experiências, maior é a bagagem de conhecimento. É conhecimento sobre o nosso corpo, a nossa mente, a nossa vida e a conduta dos outros. Observar mais as nossas atitudes e as dos outros é outra peça-chave para ter mais sucesso e chegar ao amor-próprio. Isso tudo ajuda a fortalecer quem somos de verdade. E, aos poucos, vamos construindo a mudança de vida que tanto desejamos. Cada dia que passa nos tornamos diferentes. Essa metamorfose é a maior e melhor parte da vida. É a felicidade de poder dizer aquele famoso ditado: "Hoje eu sou alguém que nunca fui ontem".

Sempre gostei de compartilhar as experiências que chegam a mim quando me escrevem. Acredito que você, que está lendo este livro agora, já possa ter me mandado alguma mensagem pedindo um conselho. Eu sempre coloco no final das respostas "Conte comigo" ou "Estamos juntas". Acredito realmente nisto: estar juntas nos torna mais fortes. Por isso, busco não julgar os outros. Não devemos julgar nem a nós mesmas. Não é errado fazer o que sentimos ser o melhor para a gente. As consequências dessa atitude podem não ser as esperadas, mas, se estamos agindo na expectativa de ser pessoas melhores, é muito mais provável que não dê errado. Eu sempre fui adepta de que é melhor fazer do que se arrepender de não ter feito.

Sempre busquei saciar todas as minhas vontades. Essa é a forma que eu tenho de levar a vida, mas existem pessoas que têm medo de errar, de se arriscar e serem julgadas por isso; e está tudo bem, cada pessoa é de uma maneira. O importante é se manter sempre em busca de uma vida mais positiva e mais abundante de felicidade.

Como já falei anteriormente, conquistar o amor-próprio é um dos objetivos sempre citados no topo das minhas enquetes. É algo que todo mundo sabe o que é, e, no entanto, pouca gente o pratica. Há também aqueles que gostariam de praticá-lo mais ou mesmo nunca parar de praticá-lo. A verdade é que ele exige uma atenção e um treino constantes.

Quando eu digo que precisamos ser egoístas em determinadas situações, estou me referindo a esse exercício de estimular o amor--próprio, pensando mais em você. Ele se refere ainda a colocar limites nas suas vontades e nas vontades do outro sobre você. É aprender a tomar as rédeas da própria vida, que ocasionalmente pode estar sem direção por conta das inúmeras vezes nas quais você se colocou em segundo plano em favor de quem quer que seja. No entanto, se a vida é nossa e nós somos as protagonistas dela, por que acabamos deixando que os outros a dominem? A resposta é simples: porque, por vezes, nos distanciamos do nosso amor por nós mesmas, vivendo no piloto automático. Minha proposta, então, é ajudá-la a não permitir mais isso e declarar que a partir de agora a sua vida tem de fato uma protagonista: VOCÊ. Na verdade, você sempre foi a pessoa mais importante, apenas pode ter ficado um pouco esquecida. Mas estou aqui para lembrar da importância de ser você e do quanto você é importante!

Assim, a cada nova atividade que você se permitir realizar pensando apenas na sua vontade, quero que faça uma pequena comemoração para guardar essa vitória na memória.

EXERCÍCIO

É importante que este exercício seja realizado várias vezes, pois conectará você com o seu amor-próprio. Certifique-se de estar em um lugar bem tranquilo e reservado para realizá-lo. Esteja apenas na presença de si mesma.

Feche os olhos e respire profundamente, de modo um pouco mais lento do que o habitual. Imagine-se caminhando, como se você estivesse passeando, bem leve... E, de repente, você encontra um espelho. É um espelho grande no qual você pode se ver de corpo inteiro. Olhe-se. Observe-se. Veja todas as partes do seu corpo, da cabeça aos pés. Note como você está vestida. Veja a sua pele, o seu cabelo, as suas expressões, veja a mulher que você é de verdade. Talvez aquela que só você saiba quem é, dentro do seu coração.

Olhe-se no espelho, com o coração cheio de amor e compaixão, diretamente nos olhos e diga a você mesma: "EU TE AMO! EU SEMPRE TE AMEI! EU TE PERDOO POR TUDO QUE VOCÊ PASSOU ATÉ HOJE. TODOS OS SEUS PASSOS FORAM DADOS COM A CONSCIÊNCIA QUE VOCÊ TINHA NAQUELE MOMENTO. E, A PARTIR DE HOJE, VOCÊ PODE COMEÇAR A CONSTRUIR NOVOS CAMINHOS PARA SER FELIZ. VOCÊ MERECE SER FELIZ. EU TE AMO DE VERDADE".

Continue respirando e sinta o amor tomando conta de você e transbordando. Agora abra os olhos e sorria para si mesma.

CAPÍTULO 10

ALCANCE A SUA LIBERDADE E SEJA FELIZ

Saiba escolher melhor as pessoas à sua volta, o que se deve absorver e o que se deve abstrair na sua jornada.

Neste momento, eu espero que você tenha se livrado de algumas das amarras da sua vida e que você tenha mais clareza para enxergar que tudo é passível de mudança – para melhor.

Agora que você passou por essa jornada, já que tudo só depende de você e da sua real vontade de chegar lá no topo da sua felicidade

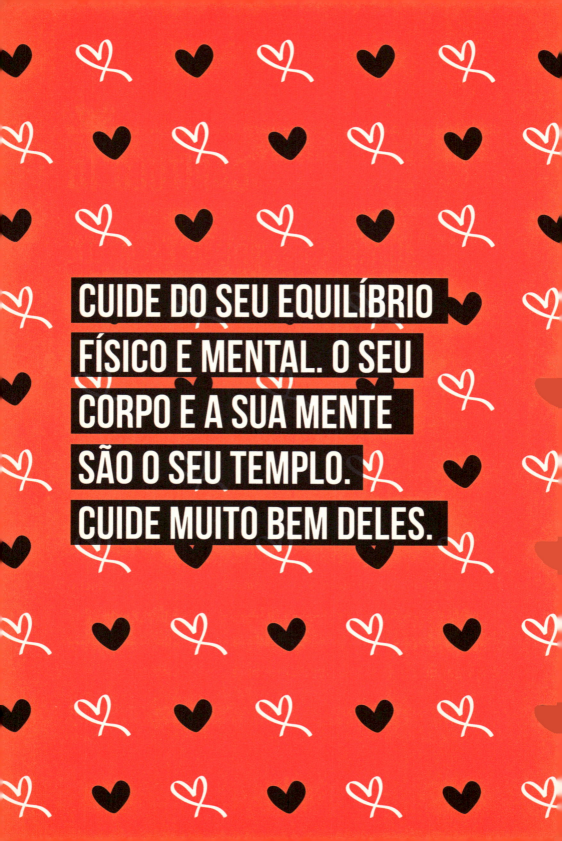

plena, seja livre para viver tudo que parecia ser impossível, você sabe que pode e sabe que, quando se tem autoconhecimento e amor-próprio, tudo é mais próspero. Saiba escolher melhor as pessoas à sua volta, o que se deve absorver e o que se deve abstrair na sua jornada. Hoje você é uma mulher mais leve, mais segura e pronta para viver toda essa liberdade de ser quem você quiser.

É tão bom respirar aliviada e perceber que tudo foi se encaixando onde tinha que ser, perceber que cada etapa e cada pessoa que passaram foram fundamentais e que as novas pessoas que virão serão ainda mais importantes para o nosso desenvolvimento, independentemente do tempo que permanecerem na nossa vida.

Cuide do seu equilíbrio físico e mental. O seu corpo e a sua mente são o seu templo. Cuide muito bem deles. Só assim você colherá os melhores frutos que a vida guarda para você. Desejo que esses passos auxiliem você a se sentir em paz com o seu momento de vida e as suas decisões. Que você veja que não está sozinha nessa jornada e que, com vontade e determinação, a luta contra o bicho de sete cabeças criado por você será fácil. O importante é conseguir enxergar a luz no fim do túnel e entender que, caminhando, um passo por vez, você chegará até ela e desfrutará de uma nova vida que a espera para ser experimentada. Basta confiar. Não se sinta perdida e muito menos sozinha. Aqui, você tem uma amiga que passou por isso e venceu as dificuldades. Conheço bem o caminho, por isso lhe digo: eu estou aqui! Vamos juntas!

Embora não seja fácil, é preciso ter coragem para fazer as mudanças necessárias e importantes na vida. Um mundo onde as pessoas não se comparam tanto umas com as outras e percebem as diferenças que elas têm como oportunidades de ser melhores e aprender coisas é um lugar muito melhor. Um mundo perfeito não tem inveja nem competição. Nele há respeito, colaboração e amor de sobra, e cada um percebe que é a pessoa mais importante da própria vida. Nesse mundo, todos têm liberdade, autoestima, autoconfiança, autopercepção e força para mudar, dão boas risadas, se valorizam mais e percebem que não estão sozinhos.

PALAVRAS FINAIS

Espero que, a partir de agora, você consiga dar mais atenção para a pessoa mais importante na sua vida: VOCÊ. Seja feliz.

Relacionar-se com as pessoas é muito bom e gratificante, pois é bom compartilhar vitórias e ter com quem contar. Não vivemos sozinhas, somos seres sociais. Sentir-se amada e querida é muito bom, pois nos traz uma sensação de segurança e confiança. Mas, antes de qualquer coisa, é preciso encontrar o amor que existe dentro de nós, e se você chegou até aqui e fez todos os exercícios, acredito que agora está mais leve e com menos amarras a tudo aquilo que prendia ou travava você de certa forma. Espero que, a partir de agora, você consiga dar mais atenção para a pessoa mais importante na sua vida: VOCÊ. E lembre-se de que pode continuar contando comigo para qualquer momento difícil que, eventualmente, venha a passar.

Lembre-se de que você é uma mulher maravilhosa e de que tudo que você passou ou vai passar... PASSA! Este é o lado bom e o lado ruim de tudo: tudo passa. Aproveite todos os momentos, aproveite as companhias, fique atenta aos detalhes. Observe mais o seu comportamento, observe mais as suas escolhas. Você já sabe que todas as nossas escolhas geram consequências, então mantenha-se empenhada em fazer escolhas melhores e mais assertivas, escolhas positivas. Seja feliz.

Este livro foi impresso pela Gráfica Santa Marta em papel pólen bold 90g em março de 2020.

DELETAR TAMBÉM É UMA FORMA DE AMOR (PRÓPRIO).